여자라서
우울하다고?

여자라서 우울하다고?
–우울은 왜 성불평등하게 찾아오는가

2021년 4월 9일 초판 1쇄

지 은 이 | 이민아
책임편집 | 김희중
펴 낸 이 | 장의덕
펴 낸 곳 | 도서출판 개마고원
등 록 | 1989년 9월 4일 제2-877호
주 소 | 경기도 고양시 일산동구 호수로 662 삼성라끄빌 1018호
전 화 | (031) 907-1012, 1018
팩 스 | (031) 907-1044
이 메 일 | webmaster@kaema.co.kr

ISBN 978 89 5769 480 0(03330)

• 책값은 뒤표지에 표기되어 있습니다.
• 파본은 구입하신 서점에서 교환해 드립니다.

우울은 왜 성불평등하게 찾아오는가

여자라서 우울하다고?

이민아 지음

개마고원

정한과 이겸,

그리고

어렵던 시절에 태어나 가장 보통의 여성으로서

누구보다도 치열하게 살아오신

나의 어머니께

들어가며

신종 코로나바이러스감염증(코로나19) 사태가 길어지면서 강제 휴직 상태였던 항공사 승무원이 극단적인 선택을 하는 안타까운 사건이 벌어졌다. (…) 현장에서 발견된 유서에는 '스트레스를 너무 많이 받았다. 내 장기는 기증해 달라. 세상에 잘 왔다가 편안한 안식처로 떠난다'고 적혀 있었던 것으로 전해졌다.(『국민일보』, 「'코로나 강제휴직' 20대 항공사 승무원 극단적 선택」, 2020년 11월 8일)

30대 후반의 A씨는 최근 극심한 우울감이 계속돼 정신건강의학과 의원을 찾았다가 실제로 우울증 진단을 받았다. 코로나19로 인해 육아·가사 노동 부담이 커지고 가계수입이 감소한 것에 더해 외출마저 어려워지자 극심한 우울감이 지속됐다고 한다.(『의사신문』, 「여성·젊은층에 더 짙게 드리우는 코로나 블루의 그늘」, 2020년 12월 6일)

코로나19로 다들 힘들다. 그런데 어떤 이들은 더 힘들다. 그 '어떤 이들' 중에는 여성이 있다. 2020년 상반기에는 2019년의 같은 기간에 비해 우울증으로 치료를 받은 사람들이 증가했는데 특히 20~30

대 여성에서 증가세가 가장 높았고[1] 20대 여성의 자살률도 43%나 급증했다.[2] 왜 코로나19로 인한 우울감, 일명 '코로나 블루'가 여성, 특히 청년여성에게 두드러지게 나타났을까?

그런데 사실 '여성이 더 우울하다'는 이 현상은 코로나19로 인해 어느 날 갑자기 나타난 것은 아니다. 지난 10여 년간 정신건강 영역을 연구하면서 알게 된 것은 우리 사회에서 정신건강의 문제가 점점 심각해지고 있으며, 특히 여성의 정신적 고통이 더 심하다는 사실이다. 한국에서 우울증·불안장애 등으로 병원 진료를 받는 사람들이 날이 갈수록 증가하고 있는데, 일반적으로 여성이 남성의 두 배가 넘는다. 병원에 가지 않고 우울이라는 감정을 품고 사는 여성들, 우울증의 경계에 있는 여성들까지 합한다면 가히 그 수를 가늠하기 어렵다. 왜 여성이 정신적 고통을 더 많이 안고 살아가는가? 이 책은 이런 질문에 대한 답을 찾기 위해 시작되었다.

사실 우울증 혹은 우울한 감정에 대한 책은 시중에 이미 많이 나와 있다. 우울·불안·소진(번아웃burnout)은 서점에서 쉽게 찾아볼 수 있는 주제들이다. 몇 권의 책을 살펴보자. 『죽고 싶지만 떡볶이는 먹고 싶어』(2018)는 낮은 단계의 우울증을 겪고 있는 작가의 경험담을 진솔하게 담아 사람들에게 많은 공감을 얻었다. 『판타스틱 우울백서』(2019)와 『오늘 아내에게 우울증이라고 말했다』(2019)도 우울증을 경험한 작가들의 체험기이다. 『어느 날 갑자기 무기력이 찾아왔다』(2020)와 『불안한 것이 당연합니다』(2020)는 마음이 우울하고 불안한 이들을 위한 정신과 의사의 조언을 담고 있다. 우울증의 원인을 찾는 책들도 여럿인데, 『우울할 땐 뇌과학』(2018)이나 『뇌는 당신이 왜 우울한지 알고 있다』(2021)처럼 주로 뇌과학에 근거해서 접근하고 있다.

최근 몇 년간 우울증에 관한 책들이 많이 출판되고 또 호응을 얻고 있다는 사실은 그만큼 우리 사회에서 정신건강의 문제가 심각해지고 있다는 증거이기도 할 것이다. 그런데 이미 이렇게 정신건강에 대한 책이 많이 나와 있는데 왜 또? 이 책은 기존의 책들과는 다른 방향을 가려 한다. 우울증을 개인이 겪는 질병의 문제로 바라보기보다 사회적인 현상으로서 바라보려는 것이다. 그리고 이를 통해 그동안 가려져왔던 성별에 따른 정신건강의 불평등, 즉 여성의 정신건강 문제를 제대로 보고자 한다.

지금까지 우울에 대한 많은 책들이 공통적으로 한 이야기는 우울증은 누구나 걸릴 수 있는 질병으로, 뇌의 문제 혹은 마음·생각·감정조절 등 심리의 문제라는 것이다. 물론 우울을 뇌나 심리의 문제로 설명하는 시각에도 일리가 있으며, 그래서 의학적 진료를 권하거나 우울에서 벗어나기 위한 감정조절·마음관리법을 알려주는 일이 무의미하다고 생각하진 않는다. 지금 당장 우울한 사람에게는 도움이 되는 일일 것이다.

그러나 그 필요성과 실용성을 인정하면서도 우울증에 관한 이런 이야기들을 들을 때마다 항상 답답함과 아쉬움을 느꼈다. 이러한 시각은 우울, 나아가 정신건강을 개인의 문제로만 바라보게 한다. 우울의 원인을 뇌와 호르몬 분비의 이상으로 볼 때 우울은 개인 신체의 문제일 뿐이며, 우울의 원인을 심리의 문제로 볼 때 우울은 감정 조절에 실패하고 부정적 생각에 빠진 개인의 문제가 된다. 그런데 과연 그러한가? 우리는 아무 이유 없이 우울해지지 않는다. 스스로 인식하든 인식하지 못하든, 살면서 겪는 이런 저런 일들이 생각과 감성에 영향을 주게 된다. 부정적 경험은 부정적으로, 긍정적 경험은 긍정적으로. 즉 정신건강의 문제는 삶의 경험을 떠나서는, 그리고 사람들이 살아가는 사회적 환경과 조건을 고려하지 않고서는 설명되지 않는 것이다.

무엇보다도 성별에 따른 정신건강의 격차가 존재함에도 불구하고 이에 대한 논의는 잘 보이지 않는다. 여성이 더 우울하다는 사실은 이미 오래전부터 알려져 있었지만, 여성은 '원래' 더 쉽게 우울해하는 존재이기에 당연하거나 어쩔 수 없는 현상으로 여겨져왔다. 여성이 남성보다 우울한 것은 당연한가? 여성이 남성보다 우울·불안·스트레스 등을 더 안고 사는 이유를 뇌나 심리의 문제로 설명할 수 있는가? 그렇지 않다면 왜 여성이 남성보다 더 우울한가? 여성의 정신건강은 여성 개인의 문제인가 아니면 여성의 삶을 구조화하는 사회의 문제인가? 여성에게 우울과 정신적 고통을 유발하는 사회적 조건들을 살펴봄으로써, 이러한 질문들에 답해보려 한다. 정신건강을 형성하는 사회의 힘과 영향력을 알 때 개인의 아픔을 돌보는 걸 넘어서 사회적 해결책을 모색할 수 있을 것이기 때문이다.

이 책은 여성 정신건강의 원인을 찾아가는 책이다. 그러나 이 책의 내용이 성별이 정신건강을 온전히 결정한다는 의미로 받아들여지지는 않기를 바란다. 모든 여성이 동질적인 집단은 아니고, 마찬가지로 모든 남성도 같지 않다. 고학력 전문직 여성의 삶이 가난한 실업자 남성보다 고통스럽다고 단언하기는 어려울 것이다. 인간의 삶은 단 하나의 요인으로 모든 것이 결정되는 것이 아니며 여러 요인이 복합적으로 얽혀서 영향을 주는 사회적 메커니즘 안에 있다.

그럼에도 불구하고 우리의 삶과 경험은 성별(젠더)이라는 요인에 의해 근본적으로 달라지고 분화된다. 모든 여성이 동질적인 집단이 아니라고 해도, 여성은 여성이라는 이유로 남성과는 다른 삶의 경로를 밟아가게 된다. 우리는 여전히 여성의 삶에 발견되는 공통점이 있음을 이해하고 이것이 어떻게 복합적으로 작동하면서 여성의 우울, 나아가 여성의 정신건강과 전체 삶에 영향을 미치는지 알아야 한다. 그리고 그것을 알 때 여성뿐 아니라 사회적으로 불리한 위치에 있는 사람들(비정규직 노동자, 실업자, 이주민, 성소수자… 그 모든 약자들)이 어떤 정신건강상의 문제를 겪는지에 대한 폭넓은 이해가 가능해지며, 경제위기나 코로나19와 같은 사회적 재난이 사람들의 마음에 미치는 보이지 않는 영향에 대해서도 알 수 있을 것이다. 이 책이 여성과 이 사회의 다른 약자들이 조금이라도 덜 고통 받는 삶을 살도록 모색하는 일에 관심을 갖는 계기가 되기를 소망한다.

2021년 4월

이민아 씀

차례

3부 무엇이 여성을 더 우울하게 만드는가

7장 청년여성이 우울한 이유

4부 성평등한 세상, 성평등한 마음

1장 우울증을 고치는 기적의 약은 없다

2장 심리치료는 얼마나 도움이 될까

3장 우울증에 대한 사회적 처방

1부

여성의 정신건강이 위험하다

1

건강과 질병은 운명이 아니다

사회적 결과로서의 건강

“당뇨 고혈압 안 걸리는 게 무슨 돈 들여야 되는 일이냐? 그냥 평소 담배 안 피고 폭음 폭식 안 하고 꾸준히 걷기 운동만 해도 안 걸림. 돈하고 상관없음.”

“건강은 본인하기 나름이다. 노력을 안 하는 사람이 (병에) 걸린다.”

“기자님 ○○에 가면 85세 먹은 할머니가 밭고랑 매고 있어요.”

고소득자가 가난한 사람에 비해 더 오래 살고 당뇨·고혈압·우울증 등에 덜 걸린다는 기사에 달린 실제 댓글들이다. 여전히 많은 사람들이 건강은 개인의 노력 여하에 온전히 달려 있다고 믿거나 생물학적으로 결정된다고 생각한다. 어떤 질병에 걸렸는가는 유전자, 가족력, 심지어 타고난 운명 때문이라고 생각한다. '술은 한 잔도 안 했지만 간암에 걸렸다' '20년간 담배를 계속 피웠지만 건강하기만 하다' '죽고 사는 건 모든 게 팔자다(인명은 재천!)' 등의 이야기를 한번쯤 들어봤을 것이다.

이러한 이야기는 우리 주변에서 쉽게 볼 수 있는 일들만 관찰하면 사실인 것처럼 보인다. 실제로 그런 경우도 있기 때문이다. 부유해도 병으로 일찍 죽는 사람도 있고, 별달리 건강관리를 하지 않았더라도 80대까지 정정한 분들도 있다.

그러나 이런 개별 사례를 넘어 전체 사회를 본다면, 결코 그렇지 않다! 한국 사람들의 평균수명•이 83세인데, 북한 사람들은 72세인 건 유전적 차이 때문이 아니다.[1] 한국에서도 소득 상위 20%와 하위 20% 간에 건강수명(질병이나 부상으로 고통받은 기간을 제외하고 건강한 삶을 유지한 기간)이 11년씩 차이 나는 것은 하위 20%가 특별히 유전자나 운이 나빠서가 아니다. 당뇨병 발병률도 두 집단 사이에 6% 차이가 난다.[2]

인간의 몸(그리고 마음도!)은 살아온 과정과 경험의 영향을 받는데, 어떤 과정을 거치고 어떤 경험을 하는지, 그리고 그것이 건강에 어느 정도의 영향을 미치는지는 어디에서 사는가에 따라, 즉 어떤 사회에서, 어떤 사회구조와 문화적 환경 속에서 살아가는가에 따라 달라진

• 보통 평균수명이라 표현하지만 평균수명보다는 기대수(여)명이 더 정확한 표현인데, 기대수명은 그 해에 태어난 사람들이 몇 살까지 살 것이라 예측되는 수명을 말한다.

다. 건강에 미치는 사회의 영향력은 개별 사례보다는 큰 덩어리를 볼 때, 나무보다는 숲을 볼 때 깨달을 수 있다.

이렇게 사회구조적 혹은 사회문화적 환경으로 인해 발생하는 집단간 건강격차를 건강불평등 혹은 건강의 사회적 불평등이라 한다. 우리나라에서는 비교적 최근이지만, 서구에서는 이미 20세기 중반부터 건강불평등에 대한 관심이 높아지기 시작했다. 정부 차원에서 진행한 최초의 건강불평등 보고서로 알려진 영국의 블랙리포트Black report(연구 책임자인 더글러스 블랙의 이름을 따서 이렇게 부른다)는 이미 1980년에 계급(이 연구에서는 총 6개의 계급으로 구분)에 따라 사망률의 격차가 발생한다는 사실을 보여주었다. 하층 계급일수록 사망률이 높았던 것이다.

왜 이런 일이 발생하는가? 많은 연구자들이 관심을 기울이기 시작했고 건강불평등을 낳는 사회적 요인, 즉 건강의 사회적 결정요인social determinants of health에 대한 연구가 활발히 진행되었고, 지금도 계속되고 있다.

기본적인 접근은 간단하다. 인간은 사회를 떠나서는 살 수 없다. 그리고 그 사회에서 살아가는 사람들이 지닌 사회적 조건, 즉 직업·소득·교육수준·자산 등 여러 요인이 건강에 영향을 미친다. 사회적 조건에 따라 특정한 질병에 걸릴지 말지, 정신적으로 고통스러운지의 여부와 정도에 차이가 생긴다는 것이다. 그리고 이 조건들이 얼마나 불평등한 결과를 발생시키느냐는 어떤 사회에서, 그리고 어떤 시대에 살아가느냐에 따라 달라진다.

그런데 이 책에서 주로 다룰 '성별'도 단지 생물학적 차이가 아닌 건강에 영향을 미치는 '사회적' 요인이다. 태어난 그 순간에는 그저 생물학적 차이일 뿐일지라도, 그 직후부터 여성이라는 이유로, 또 남성이라는 이유로 다른 사회화 과정을 거치며 이에 따라 차이 나는 삶을 살아간다. 서로 다른 경험·의무·역할 속에서 서로 다른 정체성·지위·자원을 가지게 되는 것이다. 그리고 그 모든 삶의 과정이 건강에 영향을 주게 된다.

우리의 몸과 마음은 사회의 영향력 아래 있기 때문에, 사회 내 여러 집단의 건강 상태를 비교해보면 그 사회가 어떠한 사회인지 알 수 있다. 예를 들어 저소득층이 고소득층에 비해 훨씬 더 건강이 나쁘다면 그 사회는 저소득층이 겪어야 하는 사회적 위험과 고난의 수준이 매우 심각하다는 뜻이다. 마찬가지로, 어떤 사회에서 여성이 남성에 비해 훨씬 더 많이 우울증에 시달린다면(그렇다!), 그건 여성들을 더 우울하게 만드는 사회적 조건들이 있다는 걸 암시한다. 더욱이 남녀 간 정신건강상의 격차가 나라별로 다르다면(이것도 그렇다!), 그건 단지 생물학적 성의 문제가 아니라 사회적 삶의 문제 때문이라고 말할 수 있다.

스트레스는 사회적이다

그런데 우리의 몸과 마음은 어째서 사회의 영향력 아래에 있는 걸까? 내 삶과 경험이 어떻게 내 건강에 영향을 미치게 될까? 여러 가지 경로가 있지만 우선 주목할 것이 바로 스트레스다.

사실 스트레스만큼 사람들이 일상생활에서 자주 쓰는 말도 드물 것이다. 공부할 게 많아서 스트레스를 받는다 하고, 일이 많아서 스트레스라고도 한다. 취업이 안 되는 것, 친구와 싸우는 것, 길 가다가 무례한 사람을 만나는 것 등 우리의 신경을 건드리는 다종다양한 자극들이 스트레스를 일으킨다. 스트레스 없이 살기는 참 어렵고, 사실 모든 스트레스가 건강에 나쁜 것도 아니다. 극복할 수 있는 정도의 스트레스는 오히려 인간의 몸과 정신에 적당한 자극을 줘서 면역력과 적응력을 높인다. 하지만 스트레스가 과도하면, 불안과 우울 증세가 늘어나고 궤양, 소화계 장애, 심혈관계 질환도 발생하는 등 몸과 마음이 손상된다.

스트레스에 대한 생물학적 연구는 내분비학자인 한스 셀리에Hans Selye[3]로 거슬러 올라간다. 1930년대 셀리에는 쥐의 난소에서 추출한 새로운 물질의 영향을 알아보기 위해 쥐에 그 물질을 투입하는 실험을 했다. 그러자 쥐의 부신이 커지고 흉선이라는 면역기관이 위축되는 등의 반응이 나타났다. 그는 투입한 그 물질의 작용이라고 생각하고 대조실험을 위해 식염수를 투입해보았다. 그런데 놀랍게도 이번에도 똑같은 반응이 나타났다. 투입한 물질의 성분과는 상관없는 반응이었던 셈이다. 셀리에는 주사를 맞을 때 쥐들이 겪은 불쾌한 경험이 이 반응의 원인이라고 생각하고, 겨울에 쥐를 지붕 위에 올려놓기도 하고, 더운 보일러실에 쥐들을 두기도 하며 다양한 방식으로 괴롭

혀봤다. 그러자 예상했던 대로 주사를 놓았던 실험에서와 같은 반응이 나타났다. 셀리에는 이를 '일반 적응 증후군general adaptation syndrome'이라 명명하며, 종류에 상관없이 과도한 자극은 신체에 생리적 증상을 일으킨다고 이야기했다.

외부 요인에 몸이 반응하는 것은 마치 감기에 걸리면 열이 나는 것과 같이, 유해한 자극을 이겨내기 위한 정상적 반응이다. 하지만 그것이 과도하거나 장기적으로 이어지면 실제로 면역력이 떨어지고 건강이 나빠진다. 쥐의 부신이 커졌듯이 사람도 스트레스를 받으면 부신에서 스트레스 호르몬이 분비된다고 한다. 그런데 이 호르몬의 분비가 계속되거나 혹은 부신기능의 저하로 너무 모자라게 나와도 건강이 나빠진다. 그리고 이 과정은 정신건강과도 연관되어 있다.(정신건강과 관련된 좀 더 자세한 생물학적 과정은 2부 1장에서 다룬다.)

그런데 인간이 살면서 경험하는 스트레스, 과도하거나 지속적이어서 건강에 치명적일 수 있는 스트레스는 대부분 '사회적인' 성격을 가진다. 자신이 처한 사회적 조건에 따라서 서로 다른 종류와 강도의 스트레스를 경험한다는 얘기다.[4]

가족 배경에 대해 생각해보자. 그 누구도 부모를 선택해서 태어나진 않지만 어느 가정에 태어나는지는 사람들의 삶에 큰 영향을 미친다. 복지정책이 미비한 국가일수록 가난한 집에서 태어난 아이는 어릴 때부터 경제적 어려움, 학교에서의 차별, 학습부진 등을 겪을 확률이 높고 고등교육을 받기 어렵다. 학교 졸업 후 선택하는 직업과 이후로 겪을 삶에서의 고난과 어려움은 고소득자 부모를 둔 사람의 그것과 질적으로 다르다. 가난한 사람들이 고소득자에 비해 음주·흡연을 더 한다고 하더라도 그것은 개인의 온전한 선택과 책임이 아닌 살아온 과정과 깊숙이 관련된 일이다.

살아가면서 겪는 어려움, 즉 스트레스의 횟수와 강도는 개인이 처한 사회적 조건에 따라 달라지고 살아가는 동안 해소되기보다는 차곡차곡 쌓인다.[5] 이는 몸의 생리적 반응을 거쳐 건강을 해치게 된다. 신체건강이 아닌 정신건강에 미치는 스트레스의 영향력은 더 강력할 것이다. 개인이 살면서 경험하는 사회적 스트레스가 마음과 뇌를 통해 전달되면서 정신건강을 결정한다고 말할 수 있을 정도다.

현대사회의 문제: 우울과 정신건강

실업 문제를 살펴보자. 가령 인구 10만의 어떤 도시에서 한 사람만 실업자라면, 그것은 그 사람의 개인 문제이다. 그리고 그 문제를 해결하기 위해서는 우선 그의 성격과 기술, 그리고 그의 직접적인 여러 기회를 살펴보아야 한다. 그러나 가령 취업자가 5,000만인 나라에서 1,500만 명이 실업자라면 그것은 공공public 문제이며, 어떤 특정 개인에게 주어진 기회의 범위 내에서 그 해결책을 찾을 수는 없다. 기회를 발견할 수 있는 사회구조 자체가 무너져버린 것이다. 따라서 문제를 정확히 진술하고 그에 대한 해결책을 모색하려면 그 사회의 경제적, 정치적 제도에 대한 고찰이 필요하며, 단지 개개인의 상황과 성격에 대한 고려만으로는 불가능하다.

이와 같이 사회학자 C. 라이트 밀즈는 『사회학적 상상력』[6]에서 사회 전체의 환경을 고려하지 않고는 개인의 삶을 제대로 이해할 수 없다고 주장했다. 개인의 삶은 그 사람이 살고 있는 사회구조와 역사에 대한 이해 없이는 온전히 설명될 수 없다는 것이다. 흔히 실업을 개인의 능력이 부족해서 발생했다고 생각하지만, 많은 사람들이 실업 상태에 있다면 그것은 노동시장 구조와 사회정책 등을 살펴봐야 이해할 수 있는, 사회문제라 할 수 있다. 많은 개인들이 공통적으로 겪는 고난과 어려움은 각 개인의 성격과 특성만으로는 설명될 수도, 해결될 수도 없다.

그렇다면 현대사회에서 정신건강의 문제는 개인의 문제인가 아니면 공공의 문제, 즉 사회문제인가? 빈곤, 실업, 일자리 불안정, 아동학대, 폭력 등의 문제를 사회문제라고 인식하는 데 비해 우울이나 불안 등의 정신건강을 사회문제라고 생각하는 사람들은 많지 않다. 오히려 삶이란 고해苦海이고 우울하고 불안한 것은 당연하니 스스로의 감정을 잘 조절하는 방법을 배워야 한다는 말들이 더 많이 들린다.

물론 살면서 한 번도 우울해하지 않는 사람은 없다. 오늘날 우리가 질병으로 인식하는 우울증과 상응하는 증상도 아주 오래전부터 있었다고 한다. 기원전 히포크라테스(460BC~370BC)학파가 '지속되는 슬픔'을 멜랑콜리아Melancholia 라고 기술했다고 하니 우울은 인류와 계속 함께해왔다고 해도 과언이 아니다.[7] 오히려 우울·슬픔·죄책감·불안 등의 감정을 전혀 느끼지 못하는 사람이 있다면 그게 더 큰 문제다. 반사회적 인격장애일 가능성마저 있기 때문이다. 영화 〈인사이드 아웃〉은 라일리라는 어린 소녀의 내면에 있는 감정들을 캐릭터로 등장시켜 인간의 마음이 여러 감정과 기억의 복합체임을 보여준다. 이 영화에서 '슬픔이'는 처음에는 무가치한 존재로 여겨지지만 '슬픔이'가 없다면 '기쁨이'의 존재도 의미가 없음을 우리는 영화 후반부에서 깨닫게 된다. 슬픔이라는 감정이 없었다면 라일리는 성장하지도, 가족에게 돌아가지도 못했을 것이다.

그러나 우울이나 불안이 자연스러운 인간의 감정이라 하더라도, 오랜 기간 지속되고 많은 사람들이 괴로움을 겪는다면 그저 당연한 인생의 원리이거나 개인의 문제만은 아니다. 실제로 우리나라에서 우울증으로 진료받는 사람들이 계속적으로 증가하고 있다. 건강보험공단에 따르면 우울증으로 진료받은 환자가 2012년에는 58만 8000명이었는데 2017년 기준 68만1000명으로 15.8%나 증가했다.(국민건강보험공단, 2018년 9월 10일 보도자료)

게다가 우울과 불안은 누구에게나, '랜덤하게' 생기는 것이 아니다. 사람들(그 사람들의 집단)이 가진 사회적 조건에 따라 우울과 불안의 발생에는 체계적인 차이가 존재한다. 직업이 있는 사람보다는 실업자가, 고소득층보다는 저소득층이, 교육수준이 높은 사람보다 낮은 사람이 더 우울할 가능성이 높다. 지금 이 책을 읽고 있는 독자 중에는 '실업자나 저소득층이 더 우울하다니 뻔한 소리를 하고 있는 거 아냐? 돈도 없고 생활하는 게 힘들 텐데 당연히 우울하지'라고 생

코로나 블루에 '우울증 환자' 급증… 혹시 나도?

전체 여성 5~9%·남성 2~3% '추정'
극단적 선택 이어져 조기진단 시급
수면장애 등 2주 이상 땐 검사를

우울증 환자 수가 2015년 60만1152명 [illegible]명으로 증가했다. 진료받은 환자는 이 정도이지만 진단을 못 받거나 우울증을 제대로 치료하지 않고 방치하는 경우까지 포함하면 전체 여성의 5~9%, 남성의 2~3%가 우울증으로 고통받고 있는 것으로 학계는 추정한다.

우울증은 그 자체로도 문제지만 더 큰 문제는 '극단적 선택'을 하게 만드는 트리거(방아쇠) 역할을 한다는 점에서 적극적인 환자 발굴과 조기진단 및 치료가 시급한 상태이다. 장기간 지속되는 코로나19로 인한 어려움은 우울증 발생이나 악화를 가속화하는 것으로 분석된다.

우울증은 여러 형태가 있다. 대표적으로 가장 심한 양상인 '주요 우울장애'의 증상은 우울감이 2주 이상 지속되고, 매사에 즐거움과 흥미가 없어지며 밤에는 잠들기 어렵거나 꿈이 많고 새벽에 깨면 다시 잠이 안 들어 흔히 밤을 꼬박 지새우는 수면장애가 특징이다. 또한 식욕이 없어지고 먹지 못하여 체중이 크게 감소하기도 하지만 반대로 폭식과 체중 증가가 나타나기도 한다. 마음은 불안하고 초조하기도 하며 피곤하고 지친 상태가 지속되면서 자살 충동이 생기게 된다. 호전이 잘 안 되는 만성적인 통증을 겪는다.

가톨릭대 서울성모병원 정신건강의학과 채정호 교수는 "이런 여러 가지 증상이 같이 나타나기도 하고 일부만 드러날 수도 있다"면서 "이러한 증상들로 인해 집안일, 직장일 등 일상생활에 심각한 고통이나 장애를 일으키면 우울증으로 진단한다"고 설명했다. 주요 우울증보다 증세는 약하지만 2년 이상 만성적인 경과를 밟는 신경성 우울증도 상당하다. 기분이 고양되는 조증과 우울해지는 울증이 교차한다. 이외에도 출산 후에 나타나는 산후우울증, 봄가을이나 겨울에 빛을 쪼이는 시간이 감소되어 나타나는 계절성 우울증도 적지 않게 발생한다. 채 교수는 "우울증 증상이 2주 이상 지속되면 정신건강의학과 의사의 진료를 받아 정확한 진단 및 치료와 관리를 해야 한다"고 강조했다.

우울증은 약물치료·인지행동치료를 포함한 정신치료, 대인관계치료 등으로 치료 가능하다. 경두개자기자극치료나 직류치료와 같은 두뇌자극치료를 시행하기도 한다. 중증 난치성 우울증에 대해 수술이나 시술 치료법은 진화를 거듭하고 있다. 세브란스병원 김찬형(정신건강의학과)·장진우(신경외과) 교수, 명지병원 정신건강의학과 장진구 교수 공동연구팀은 여러 [illegible] 효과가 없었던 치료저항성 우울증(난치성 [illegible] 집적 초음파뇌수술을 진행, 치료 후 1년 넘게 큰 합병증 없이 우울 증상이 개선됐다고 밝혔다. 김찬형 교수는 "자기공명영상 유도하 고집적 초음파를 이용한 수술은 두개골을 직접 여는 기존 방식이 아니어서 출혈과 감염의 위험이 없다"면서 "짧은 시간에 정확한 수술이 가능하고, 현재까지 알려진 단기·장기적 부작용이 없어 앞으로 활용 가능성이 높다"고 밝혔다. 다만 김 교수에 따르면, 지금까지 머리를 절개해 뇌를 노출하는 개두술을 이용한 난치성 우울증 치료 후 환자의 52%에서 섬망 등의 일시적 부작용을 경험했고, 21%는 뇌출혈, 요실금, 두통 등의 영구적인 부작용이 나타났다는 연구가 있긴 하다.

우울증을 예방하고, 극복하려면 평소보다 많이 움직여서 활동성을 높이는 것이 좋다. 집에만 있지 말고 햇빛을 충분히 쬘 수 있는 야외활동이 필요하다. 명상이나 독서도 우울증 극복에 도움이 된다. 수면, 식사, 배변 등을 일정한 시간에 하려고 습관을 들이면 예방에 상당히 효율적이다. 완벽주의, 지나친 세세함, 생각의 반복·반추 등은 우울증을 악화하는 요인이다.

박효순 기자 anytoc@kyunghyang.com

코로나 시대에 우울증 환자가 급격히 늘어난다는 건 정신건강의 문제가 사회적 환경과 조건에 영향을 받는 사회문제임을 보여준다 (경향신문, 2020년 9월 26일)

각하는 사람이 있을지도 모르겠다. 만약 그렇다면 정신건강의 사회적 원인을 바라볼 준비가 되어 있다는 뜻이니, 좀 더 복잡한 맥락을 살펴보기만 하면 된다.

집단가 정신건강에 체계적 차이가 존재한다는 것은 개인의 성격이나 특성만으로는 설명되지 않는 무언가가 있다는 의미이다. 정신건강의 문제를 사회문제로, 건강불평등의 문제로 바라봐야 하는 이유이다. 그리고 그럴 때야 비로소 해결책도 모색할 수 있다.

여성의 정신건강은 어떠한가? 여성과 남성 간에 어떤 정신건강의 격차가 존재하는가? 그 원인은 무엇이며 해결을 위해서는 무엇이 필요한가? 이 책은 이러한 질문에 답하고자 한다. 일단, 여성과 남성의 건강이 어떻게 다른지에 대한 이야기부터 시작하는 것이 좋겠다.

2

여성의 정신건강이 위험하다

'젠더• 패러독스'라는 현상

여성과 남성의 건강에 대해 잘 알려진 사실은 여성이 남성보다 오래 산다는 것이다. 여성의 평균수명이 남성의 평균수명보다 길다. 그러나 이것이 여성이 남성보다 건강하다는 것을 의미하지는 않는다. 여성이 남성보다 오래 살지만 살아가는 동안 더 아프기 때문이다. 이는 세계 여러 나라, 특히 경제발전을 이룬 나라들에서 공통적으로 나타나는 현상으로, 일반적으로 사망률은 남성이 높지만 질병을 갖고 있는지를 따지는 유병률은 여성이 높다. 즉 여성이 남성보다 여러

• 젠더gender는 생물학적 성별sex이 아닌 사회적 성을 말하는데, 여성다움과 남성다움, 여성과 남성의 차이가 고정된 생물학적 차이에 기인한 것이 아니라 사회적·문화적으로 만들어진다는 사실을 강조하는 개념이다. 2부에서 좀 더 자세하게 논의한다.

질병에 시달리고 이로 인해 삶의 질이 낮다는 것이다. 여성이 오래 살지만 더 아픈, 이러한 건강에 나타나는 성별 격차를 젠더 패러독스gender paradox라고 한다.[8]

여성이 왜 더 오래 사는지에 대한 정확한 답은 없다. 생물학적 연구는 여성의 X염색체 유전자 때문에 면역력이 높다고 추정하기도 한다.[9] 이러한 추정의 근거 중 하나는 인위적 개입이 없는 유산이나 영아사망의 경우 남아가 더 많다는 점이다. 여성의 생존력이 남성보다 높다는 것이다. 노인인구를 비교해보아도 여성이 더 많다. 2016년 통계청 조사에 따르면 100세 이상의 인구 중 여성은 3041명인 데 반해 남성은 445명밖에 안 된다.

그런데 그저 타고난 결과인 것 같은 성별 수명의 차이에도 사회적 환경이 영향을 미친다. 평균수명의 역사적 변화를 살펴보면 여성이 남성보다 항상 오래 살았던 것은 아니다. 산업화 이전에는 여성이 남성보다 수명이 짧았지만 산업화를 거치면서 여성의 수명이 급속도로 증가했고 남성과의 격차가 벌어졌다. 서구에서 여성이 더 오래 살기 시작한 것은 20세기 이후이다.

성별의 수명 격차가 생물학적 원인만으로는 설명되지 않는다는 걸 보여주는 또 하나의 사실은 성별에 따른 수명 격차가 점차 줄어들고 있다는 점이다. 미국에서는 1979년에 여성이 남성보다 평균수명이 7.8년이나 더 길어, 수명의 성별 격차가 최고점을 찍고서 그 후로 점점 감소하고 있다. 우리나라에서도 1980년대 초반에 여성의 평균수명이 남성보다 약 8년 더 길었지만 그 후로 점차 감소하고 있다.

2020년 기준 한국 여성과 남성의 수명 차이는 6.1년이다.[10]

여성이 더 많은 질병에 시달리는 생물학적 이유도 명확히 규명되진 않았다. 평균수명의 경우처럼 생물학적 원인과 사회구조적 원인이 결합돼 있을 것이다. 신체건강의 측면에서 남성과 여성의 사망 원인은 비슷하지만 남성이 여성에 비해 더 치명적인 질병, 예를 들면 심장병·암·뇌졸중 등에 걸릴 확률이 높고 여성에 비해 이른 나이에 걸린다. 반면 여성이 남성에 비해 빈혈·갑상선·관절염 등 치명적이지는 않지만 지속적으로 괴롭히는 질병에 걸린다.

그런데 사실상 젠더 패러독스라는 현상에서 핵심적인 부분은 신체건강보다 정신건강에서의 성별 격차이다. 삶에 오랜 기간 계속되는 우울·불안 등의 정신건강 문제가 여성에게서 훨씬 심각하기 때문이다.

정신건강의 성별 격차: 여성의 우울과 불안

사는 동안 여성이 더 아프고 삶의 질이 낮은 핵심적인 이유에는 '정신건강'이 자리하고 있다. 물론 모든 여성이 모든 남성보다 우울하거나 정신건강이 나쁘다는 뜻은 아니다. 그러나 여성이 남성에 비해 우울증으로 치료를 받고 있거나 진단은 받지 않았더라도 우울 수준이 높은 경우가 훨씬 많다. 우리나라에서 우울증으로 치료를 받은

여성은 남성의 2배 이상*이며, 불안장애의 경우도 일반적으로 여성이 남성의 2배가 넘는다.[11]

우울증이나 불안장애를 갖고 있다는 건 무엇을 말하는가? 삶의 의미를 찾지 못하고 무기력감, 슬픔, 때로는 자기비하에 시달리며 정신적으로 고통스러운 삶을 사는 것, 혹은 근심·두려움·긴장감·초조함 등으로 일상생활을 지탱하기 어려운 상태에 있다는 의미다. 당연한 말이지만 슬픔·걱정·불안·근심·의미없음을 느끼면서 살고 싶은 사람은 없다. 그럼에도 살면서 자기 의지와 무관하게 극복할 수 없는 부정적 감정이 밀려오는 경우가 있는데 그 위험이 여성에게 훨씬 높게 나타난다는 것이다.

그런데 질병으로서의 우울증, 즉 병원에서 진단되고 치료의 대상이 되는 우울증만을 기준으로 하는 건 문제가 있다.

첫째, 여성이 남성보다 더 우울한 것이 사실인가라는 의문이 제기될 수 있다. 보통 정신과 진료에 대한 사회적 편견에 남성이 더 영향을 받기 때문에 남성은 우울증이라도 병원에 잘 가지 않는 것일 뿐이라는 식으로 말이다. 특히 우울증 치료를 받는다는 것은 '약한' 남성이라는 낙인이 찍히는 일이기 때문에 여성보다 남성이 병원에 잘 가지 않고 이에 따라 남성의 우울증이 과소평가된다는 것이다. 물론 어느 정도 타당한 지적이다. 요즘에야 좀 나아졌다고 하더라도 '남자

---

* 2017년 기준, 우울증으로 진료를 받은 여성은 45만4920명, 남성은 22만5840명으로 여성이 남성의 2배가 넘는다.(국민건강보험공단, 2018년 9월 10일 보도자료)

는 태어나서 세 번만 운다' 식의 문화는 여전히 남아 있다. 남성은 우울함을 느끼더라도 강한 남성을 추구하는 남성성 규범 때문에 병원 진료를 꺼려할 수 있다.•

둘째, 질병으로서의 우울증만을 고려하면 의학적 기준에 부합하지는 않지만 정신적 고통의 수준이 상당한 사람들을 보지 못하게 되고, 전체 집단의 일반적인 우울 수준을 알 수가 없다.[12] 현재 여성이 경험하는 우울이라는 감정의 수준이 평균적으로 어디에 위치해 있는지, 남성과 차이가 나는지를 볼 필요가 있다. 우울증으로 진단받는 수준은 아니더라도 현재 슬픔과 우울의 감정 수준이 높다면 시간이 흐를수록 실제로 우울증이 발병할 가능성이 높다.

이러한 한계에 대한 대안으로, 여러 연구들이 진료를 받는 환자가 아닌 일반 사람들에 대한 조사를 통해서 우울의 전체적 수준을 본다. 정신의학에서 사용하는 우울진단 척도를 사용하지만 특정 점수를 기준으로 해서 우울증 여부를 따지지 않고 전체적인 우울의 수준을 측정하는 방식이다. 이러한 방식을 통해 집단, 혹은 전체 국민의 평균적인 감정 분포를 알 수 있다. 국가별 비교연구를 할 때에도 진료 여부가 아닌 설문조사 자료를 활용하는데, 이는 국가별로 우울증에 대한 사회적 편견과 병원의 문턱이 다르기 때문이다.

• [illegible] 람들을 놓친다. 특정 질병이 있을 때 병원 치료를 받는가를 의미하는 의료접근성은 계층 지위에 따라 다르기 때문이다. 예를 들어 경제적 여건이 되지 않으면 아파도 병원에 가기 어렵다.

[도표] 여성과 남성의 감정분포

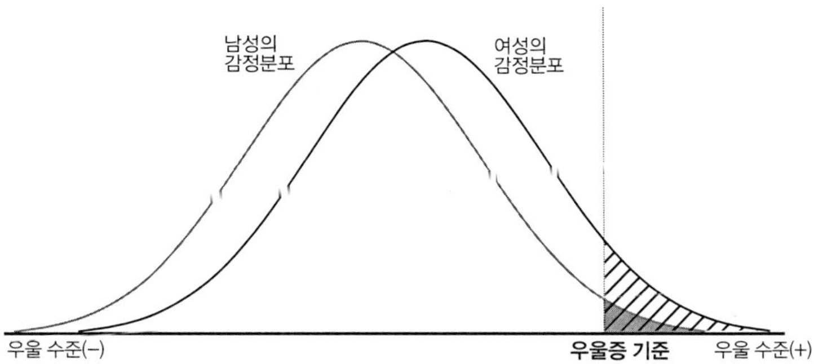

한국인 전체를 대상으로 수집한 조사자료를 활용하여 성별 차이를 분석해보면 어떠한 결과가 나올까? 여기서도 여전히 여성이 남성보다 평균 우울의 수준이 높고, 정신건강과 관련된 다양한 측면에서 남성보다 열악한 수준을 보인다. 스트레스·불안은 높고 행복이나 삶의 만족도는 낮다. 지난 10여 년간 여러 조사자료를 다루고 정신건강에 대해서 연구를 하면서 발견한 사실은 일반적으로 여성의 우울 수준이 남성에 비해 '훨씬' 높다는 것이다. 한두 번의 분석결과, 한두 가지의 데이터에서만 나타나는 게 아니다. 매우 일관되게, 모든 자료에서 나타나는 결과이다.

한국 여성과 남성의 우울 수준을 조사해서 우울이라는 감정의 분포를 구성한다고 가정해보자. 성별에 따라 우울이라는 감정이 전혀 없는 사람들부터 매우 심각한 사람들까지 수를 세어 그 분포를 그래프로 그려보면 여성이 남성보다 훨씬 더 심각한 우울 쪽으로 치우쳐 있을 것이다. 여성과 남성의 감정 분포에는 분명히 격차가 존재한다.

한쪽 성에만 유달리 삶에 슬픔·우울·근심·불안이 스며 있다는 건 당연히 정상이 아니다. 이는 성별에 따라 정신건강과 삶의 질에 체계적인 불평등이 존재한다는 것을 의미한다.

남성이 가진 문제: 알코올중독과 자살에 대하여

당연히 남성도 행복이 가득한 삶을 살진 않는다. 남성이 여성보다 많이 갖고 있는 문제도 있다. 조현병이나 반사회적 인격장애 같은 정신장애의 경우는 성별 차이가 거의 없는데, 남성이 여성에 비해 높은 비율로 갖는 문제도 있으니 바로 약물중독과 자살이다.[13]

약물중독 중에서도 주로 대마초 등 마약류나 알코올 관련 문제를 겪는 건 남성이 더 많다. 우리나라의 마약류사범에는 남성의 비율이 훨씬 높고[14] 알코올중독과 의존을 포함하는 알코올사용장애의 경우도 마찬가지다.•

자살률도 남성이 더 높다. 연도별 자살사망률을 보면 남성의 자살이 여성에 비해 많고, 그 차이가 시기별로 다소 변화하긴 하지만 2~2.6배에 이른다는 사실을 알 수 있다.

• 보건복지부의 「정신질환실태조사」에 따르면, 2016년도 기준 알코올사용장애의 일년 유병율은 남성은 5%이며 여성은 2.10%였다.

여기서 한 가지 의문이 생길지도 모르겠다. 여성이 더 많이 우울증상을 나타내지만 남성이 알코올중독과 자살률이 더 높다면, 여성과 남성에게서 나타나는 방식이 다를 뿐 어찌 보면 남성과 여성의 상황이 마찬가지인 것 아닌가? 여성이 특별히 더 정신적으로 힘든 건 아니다고 말할 수 있지 않을까?

물론 경제위기·불안정노동·실직 등 여러 삶의 어려움에서 남성도 100% 자유롭지는 않다는 것을 우리는 잘 알고 있다. 그럼에도 남성의 높은 알코올중독과 자살률이 성별에 따른 정신건강의 불평등이 없다는 걸 말하진 않는다. 여성은 우울증, 남성은 알코올중독과 자살을 많이 겪는다는 식으로 비교하면서 성별 격차가 무의미하다고 주장하는 것은 타당하지 않다. 남성의 알코올중독과 자살률에 담긴 맥락을 자세히 살펴본다면 왜 그런지 알 수 있다.

먼저, 모든 약물중독에서 남성이 더 높은 비율을 차지하는 것은 아니다. 여성도 약물중독에 빠지는 경우가 많다. 알코올이나 대마초 등에 대한 의존은 남성이 여성보다 높으나 신경안정제·진정제 등 향정신성 의약품에 대한 의존은 여성이 더 높다.[15]

알코올중독이나 마약중독 등은 남성에게 사회적으로 허용된 행위규범의 영향력을 고려하지 않고는 설명되지 않는다. 예를 들어, 알코올 사용장애는 음주문화와 별개로 생각할 수 없다. 음주가 여성에 비해 남성에게 더 사회적으로 용인되기 때문에 남성이 여성보다 어린 나이에 음주를 시작하고 음주량도 많아진다. 남성의 놀이문화에 음주가 깊숙이 들어와 있는 것도 남성의 음주를 더 부추긴다. 반면에 여성의 음주에 대해서는 사회문화적 허용도가 상대적으로 낮고, 이는 여성들의 알코올에 대한 접근성을 낮춘다. 타인의 눈초리, 부모의 통제 등 때문에 여성이 술을 덜 마시게 된다는 것이다. 물론 사회문화적 규범은 시대에 따라 변하고 이에 따라 근래에는 여성의 음주도 증가하고 있다. 여성의 음주량이 늘고 음주시기가 앞당겨지고 있기 때문에[16, 17] 앞으로 여성의 알코올 사용장애도 증가할 것이다. 이는 알코올중독이 사회문화적 규범에 영향을 받는 것임을 의미한다.

자살의 경우도 자살률만 봐서는 성별 격차의 맥락이 정확히 드러나지 않는다. 남성의 자살률이 여성에 비해 높은 것은 사실이나 자살생각과 자살시도율은 여성이 더 높다. 한국의 성인을 대상으로 자살생각/계획/시도 여부를 조사하여 비교해보면, 항상 여성의 비율이 남성에 비해 높다. 죽고 싶다고 생각하거나 실제로 자살을 시도하는 경우는 여성이 많다는 것이다. 그럼에도 남성의 자살률이 더 높은 이유는 남성이 자살을 '완료'하는 경우가 많기 때문이다.[18] 자살 시도는 여성이 더 많지만 실제 자살은 남성이 더 많은 건 다른 나라에서도 공통되게 나타나는 모습이다.

이 역시 남성에게 허용된 사회문화적 규범과 연관지어 해석할 수 있다. 남성은 어린 시절부터 공격성이 높은 문화를 접하며 위험한 행동을 더 많이 하는 경향이 있다. 흔히 익스트림 스포츠와 폭력적 게임이나 영화를 남성이 더 즐기는 것과 일맥상통한다. 이러한 특성은 남성이 여성보다 '확실한 방법'을 활용하여 자살하는 경향으로 이어진다. 실제로 서구에서는 남성이 총기로 자살하는 비율이 높고, 전반

[도표] 성별에 따른 자살생각/계획/시도 비율

출처: 보건복지부 중앙자살예방센터, 『2020 자살예방백서』

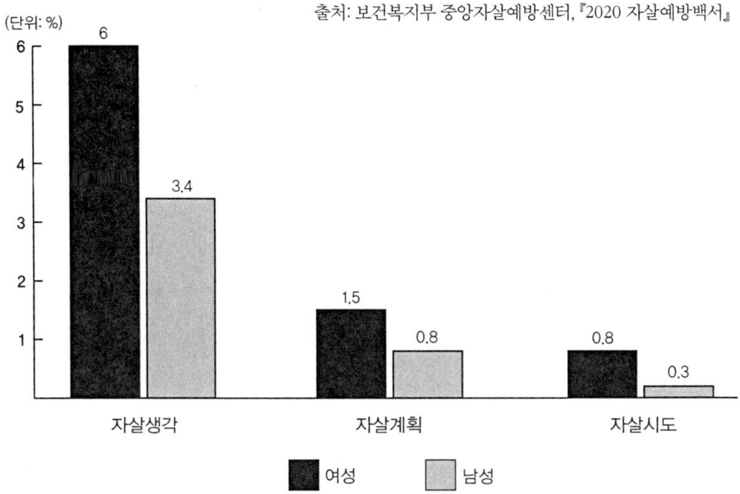

적으로 여성에 비해 더 치명적인 방법을 사용한다.[19] 반면 여성은 일반적인 음독*, 손목긋기 등 상대적으로 덜 치명적인 방법을 사용하는 경향이 있다.

물론 남성의 알코올중독과 자살문제도 해결해야 하는 사회문제임은 분명하며, 남성들의 정신건강 역시 안전한 것은 아니다. 그렇지만 핵심은 단순하게 알코올중독과 자살률을 여성의 우울과 비교하는 식으로 성별에 따른 정신건강의 불평등이 존재하지 않는다고 주장

● 농약은 다른 약물에 비해 치명적이라고 할 수 있다. 한국에서는 2011년 농약 그라목손이 등록 취소된 후 농약을 이용한 자살자는 줄어들었다.

할 수는 없다는 것이다.

그렇다면 도대체 왜 여성의 정신건강 문제가 더 심각한가? 여성이 남성보다 높은 수준의 우울과 불안을 경험하는 것은 어떤 이유인가? 이 질문에 답을 찾기 위한 과정으로서 우울의 원인에 대한 서로 다른 학문적 시각을 살펴볼 차례다.

2부

여성은 더 우울하게 태어났을까

1

뇌와 호르몬으로 설명하기

뇌과학, 신경과학적 접근: 현미경으로 들여다보기

"의지가 약해서? 우울증은 '뇌질환'…약으로 고친다."(〈KBS 뉴스〉, 2019년 11월 26일)

우울증이 의학의 연구대상이 된 후로 우울증의 생물학적 원인을 찾으려는 노력은 계속되어왔다. 최근 몇 년 새 뇌과학(신경과학)이 이른바 '핫'한 분야가 되었고, '정신의 문제는 뇌의 문제'라는 생각이 자리잡았다. 우울증의 경우도 해상도가 높아진 뇌영상 촬영을 통해 뇌의 어느 영역에 문제가 생겨 발생하는 것인지 알아내려는 연구가 진행되고 있다. '우울증은 마음이 아닌 뇌질환'[1]이라는 표현은 생물학적, 의학적 접근을 대변한다.

그런데 아직까지는 우울증뿐 아니라 여러 정신질환의 생물학적 원인은 명확히 밝혀진 바가 없다.[2] 우울증의 진단도 병원에 내원한 사람의 주관적 감정, 인식 그리고 증상에 기반해서 내려진다. 피검사를 하듯 우울증을 측정할 객관적인 방법은 없다는 것이다. 물론 최근에는 뇌의 특정 부위를 찍거나 뇌파 신호를 측정하는 진단법이 개발되고 있으나[3], 아직 충분히 검증되지 않았으며 보편적으로 쓰이지는 않는다.

물론 뇌과학의 발전이 우울증의 생물학적 맥락을 좀 더 세밀하게 들여다볼 수 있게 한 것은 사실이다. 우울증에 관한 신문기사나 내용을 찾아본 사람들이라면 세로토닌serotonine 이나 노르에피네프린norepinephrine 같은 이름을 들어봤을 것이다. 이런 신경전달물질이 충분히 분비되지 않는 경우 우울증에 걸린다고 알려져 있다.[4] 그래서 항우울제들은 우리 몸속에서 신경전달물질 양을 조절하는 걸 목표로 하고 있다.

신경전달물질이 부족해서 우울증이 생긴다면, 그런 일은 왜 벌어지는 걸까? 뭔가 중요한 물질이 제대로 분비되지 않는다는 것은 분비에 작동하는 신체기관이 제대로 돌아가지 않는다는 이야기일 것이다. 실제로 신경전달물질의 문제는 뇌기능이 저하되거나 뇌 구조가 변화하면(즉 뇌가 고장나면) 발생한다고 한다.

예를 들면, 우울증과 관련된 뇌의 부위(전전두피질prefrontal cortex 과 변연계limbic system)가 있는데 이 부위가 제대로 작동하지 않아 신경전달물질 분비가 적절하게 이루어지지 않는다는 것이다.[5] 우울증 환자

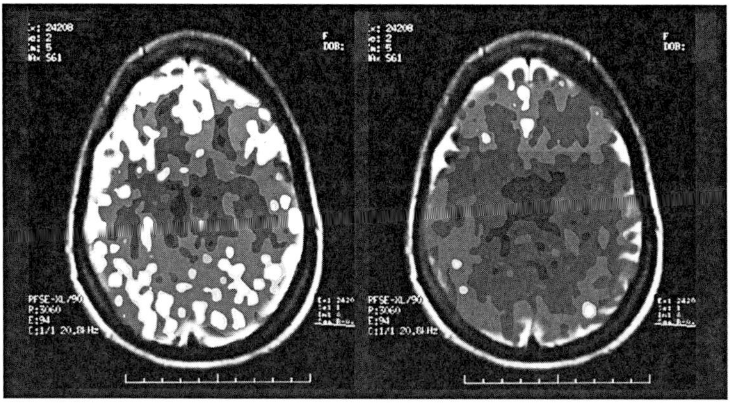

첨단 뇌영상 장치들은 정상적인 뇌(왼쪽)와 우울증에 걸린 사람의 뇌(오른쪽)가 어떻게 다른지 보여준다. 그러나 뇌에 이상이 생겨서 우울증이 유발되었는지, 우울증으로 인해 뇌에 이상이 생겼는지는 닭이 먼저냐 달걀이 먼저냐와 비슷한 문제로 개인의 뇌를 들여다본다고 알 수 있는 게 아니다. 개인을 둘러싼 사회를 봐야 한다.(출처: Mark George, M.D Biological Psychiatry Branch Division of Intramural Research Programs, NIMH1993)

의 뇌를 스캔해보면 보통 사람들과 달리 특정 부위에 비정상적으로 음영이 증가하는 것을 볼 수 있는데, 이는 뇌의 문제가 우울증을 낳는다는 주장을 뒷받침해준다.[6](그렇지만 아직까지 우울증에서 나타나는 여러 생물학적 소견들이 모든 연구에서 일관되게 증명되지는 않는다.[7] 더구나 아직까지 뇌의 특정 상태가 우울증을 유발한다는 것을 입증한 연구는 없다.[8])

그런데 여기서 생각해볼 게 있다. 아무 이유 없이 뇌가 고장나는 건 아니지 않겠는가. 의학에서도 인간이 살면서 경험하는 사회적 고난과 어려움이 몸에 영향을 준다는 걸 인정한다. 앞에서 쥐에게 스트레스를 줬더니 부신이 커졌다는 실험 결과를 이야기한 바 있다. 사람도 강도 높은 외부의 자극, 즉 스트레스를 겪으면 부신에서 스트레스 호르몬이 나온다. 이 호르몬이 지속적으로 과다분비되면 우울증으로 발전되고, 지속적인 과다분비는 결국에는 해마의 신경세포까지 손상을 줄 수 있다고 한다.[9] 뇌가 고장나는 것이다.

그렇다면 질문은 다시 이어진다. 우울증이 망가진 뇌에 의한 것이라면 뇌가 망가지는 이유는 무엇인가? 살면서 경험하는 고난과 어려움이 뇌의 고장을 일으켜 신경전달물질의 불균형을 가져오는 거라면, 우울증의 원인을 뇌 때문이라고 할 수 있을까? 신경학에서도 뇌가 마음의 영향을 받으며, 마음을 어떻게 먹느냐 생각을 어떻게 하느냐에 따라 뇌도 변한다는 점을 지적한다.[10](이를 뇌의 가소성plasticity이라고 한다.)

경제적 어려움, 가족간의 갈등, 실업 등의 고난이 계속된다면 우울하지 않을 사람이 얼마나 될까? 심지어 불법 포획을 당하거나 실험대상이 된 이후 보호구역 내에 살고 있는 침팬지는 야생에서 사는 침팬지보다 우울·불안·스트레스 수준 등이 높다고 한다.[11] 우리가 겪는 부정적 경험은 뇌에도 영향을 주게 된다. 그렇게 보면 신경전달물질의 불균형은 궁극적으론 사회적 경험에 대한 생리적 반응의 결과로 보는 것이 타당하다.

물론 같은 경험을 하더라도 어떤 사람은 더 우울하고 어떤 사람은 괜찮은 경우가 있다. 이러한 상황을 생각하면, 선천적으로 뇌의 기능장애가 쉽게 일어나는 사람들도 있을 것이다. 스트레스에 취약한 이런 체질의 사람들이 극심한 수준의 고난과 스트레스를 경험한다면 우울증에 걸릴 확률이 더 높을 것이다.*

그렇다면 여성이 더 우울한 것은 원래 더 허약하기 때문인가? 여성이 남성보다 생물학적으로 외부 스트레스에 제대로 대응하지 못하고 취약하기 때문인가? 여성의 뇌가 신경전달물질의 화학적 불균형 상태에 잘 빠지거나 고장이 잘 나기 때문인가? 그게 아니라면 여성이 남성보다 살아가면서 고난을 많이 겪기 때문인가? 과거 수많은 생물학적 연구들이 여성의 뇌가 남성의 뇌보다 떨어진다는 것을 증명하기 위해 노력했지만 이미 폐기된 지 오래다. 여성과 남성의 뇌에는 고정적인 차이가 존재하지 않는다.[12]

문제는 호르몬?

일반적으로 호르몬의 특성상 여성의 감정 기복이 더 심한 것으로 알려졌다. 유엔UN도 코로나19 위협의 하나로 여성이 감염병 같은 재난에 더 취약한 점을 꼽았다. 양육과 가사의 부담이 가중되고 경제활동에 타격을 받을 수 있으며 가정폭력까지 증가할 수 있기 때문이다.

「여성·젊은층에 더 짙게 드리우는 '코로나 블루'의 그늘」,(『의사

● 실제로 스트레스 취약성 모델stress-diathesis model이라고도 불리는 설명모델은 주요 정신장애에 관한 취약성을 선천적(혹은 후천적으로도) 획득한 사람에게 다양한 스트레스가 가해졌을 때 우울증을 유발할 수 있다고 본다.

신문』, 2020년 12월 6일)이라는 기사의 한 대목이다. 그렇다면 코로나19 상황에서 여성이 겪는 정신적 고통은 호르몬 때문인가? UN이 지적한 것은 양육, 가사부담, 경제활동에서의 불리함, 가정폭력 등 사회구조적으로 여성이 처한 불평등한 현실이 코로나19 상황에서 심화되면서 여성에게 더 큰 피해를 낳을 수 있다는 내용인데, 마치 UN"도" 여성이 호르몬으로 인한 감정기복으로 인해 더 취약하다고 주장한 것처럼 보인다. 심각한 오독의 가능성을 지닌 글이다.

종종 호르몬이 성별 차이의 모든 것을 설명하는 만능키로 여겨진다. 여성과 남성이 가진 생물학적 차이로 성호르몬만큼 분명해 보이는 것도 없기 때문이다. 실제로 생물학적 연구는 여성의 우울증이 높은 이유를 에스트로겐과 프로게스테론 같은 난소 호르몬의 영향으로 설명한다.

그런데 우울증에 대한 다른 생물학적 연구와 마찬가지로 호르몬의 영향을 증명하는 '일관된' 연구결과는 없다.[13] 그럼에도 성호르몬은 여성의 우울증을 높이는 원인으로 널리 인정되고 있다. 실생활에서 여성들이 호르몬 분비의 변화가 생기는 사춘기·월경주기·산전산후·갱년기 등의 시기에 우울을 호소하는 경우가 많기 때문일 것이다.

그런데 여성이 사춘기·월경주기·산전산후·갱년기에 우울한 것이 호르몬 변화의 직접적인 결과인지에 대해서는 따져볼 필요가 있다. 예컨대 보통 여성들이 월경을 할 때 예민해진다고 한다. 그런데 그건 호르몬에 의해 기분이 알 수 없이 변화한 것이 아니라 신체적 고통과 불편감에 대한 자연스러운 반응일 수 있다.

사춘기는 어떠한가? 남녀를 불문하고 누구나 사춘기에 신체적 변화와 더불어 그야말로 질풍노도의 시기를 겪을 순 있지만 그것이 호르몬의 폭발 때문인지, 현대 사회에서 빨라진 신체 성장에 비해 정신적인 성장은 더디기 때문인지는 알 수 없다. 가정과 학교에서의 통제 및 미래와 진로에 대한 부담이 사춘기 기간에 경험하는 신체 및 삶의 변화와 맞물려 긴장과 스트레스를 주는 것일 수도 있다. 분명한 건 조선시대에는 현대 사회에서와 같은 모습의 사춘기가 없었을 것이라는 사실이다. 대부분 어렸을 때부터 노동에 투입되고 10대에 결혼해서 자녀를 여럿 낳고 키우며 평생 노동해야 하는 상황에서 현대적 의미의 사춘기는 상상하기 어렵지 않은가.

산후우울증도 마찬가지다. 산후우울증은 보통 출산 후 4주 내에 발생하는 것으로 산모의 삶의 질에 큰 영향을 미친다. 그런데 이 산후우울증의 원인도 명확하지 않다. 산후우울증은 호르몬의 문제인가, 아니면 임신·출산 과정에서 겪은 여성의 스트레스나 미래에 대한 불안 때문인가?

실제로 의학 연구들을 살펴보면 산후우울증의 원인으로 호르몬의 변화가 가장 먼저 언급되지만, 그에 못지않게 고려되는 원인이 여성들이 겪는 사회적 상황이다. 남편 등 가족의 양육지원 미흡, 출산과 양육으로 인해 겪게 되는 생활의 급격한 변화, 양육 스트레스, 경력단절에 대한 두려움 등이 당연히 산후우울증에 영향을 주게 된다. 게다가 한국은 다른 OECD 국가들에 비해 산후우울증 유병율이 높다.[14] 여성의 우울증이 단지 호르몬의 문제라면 왜 나라마다 여성의 유병율이 다르게 나타나겠는가. 한국 여성이 다른 나라 여성에 비해 출산 시기에 호르몬의 변화가 급격하도록 태어난 건 아닐 것이다.

한국 여성이 임신과 출산, 양육에서 겪게 되는 삶의 양상을 고려하지 않고서는 산후우울증이 높은 이유를 설명할 수 없다. 양육에 대한 부담이나 경력단절에 대한 불안과 두려움 등이 클수록 산후우울증에 시달릴 가능성도 높을 것이다. 다른 나라에서도 자녀양육에 대한 지원이 없는 여성들에게 산후우울증이 높게 나타난다.[15] 아이 키우기를 혼자 감당해야 한다거나, 자신의 직업을 포기해야 할지도 모른다는 생각이 든다면 누구든 우울하지 않겠는가.

또 한 가지 흥미로운 사실은 현대사회에서 전업주부가 일하는 여성보다 산후우울증이 더 높다는 것이다.[16, 17] 전업주부는 일하는 여성보다 오랜 시간 양육을 도맡아야 하고(그야말로 독박육아!), 사회적 관계도 좁아지며 자기실현의 기회도 제한된다. 전업주부가 직업이 있는 여성에 비해 여성호르몬의 급격한 변화를 겪는다고 하더라도 그건 그 사람이 겪고 있는 상황에 영향을 받은 결과다. 우리는 사회 속에서 살아가는 존재며, 우리의 신체도 그 과정에서 영향을 받고 반응한다. 따라서 우리 신체의 생물학적 변화만 외따로 봐서는 전체 그림을 볼 수 없다. 그 신체가 속한 사회의 맥락을 함께 봐야 한다.

폐경기(완경기)는 어떠한가? 폐경을 일찍 경험한 여성들일수록 우울을 겪는 경우가 많고, 이는 여성호르몬의 부족이 원인이라고 추정된다.[18] 그러나 남보다 이른 폐경을 경험한 여성들이 우울한 것이 호르몬 부족 때문인지, 사회에서 강조하는 '여성성'을 잃은 것 같은 생각이나 늙어간다는 것을 느끼는 과정에서의 슬픔 등으로 인한 것인지 의문이다. 여기에 여성들이 폐경기에 오히려 해방감을 느끼는 경우도 많다는 사실[19]은 고려되지 않는다. '폐경기=우울'이라는 도식은 과연 타당한가? 사회에서 여성의 아름다움을 강조하고 노화, 특히 늙은 여성에 대한 부정적 인식이 만연할수록 많은 여성들이 폐경기를 인생의 끝으로 생각하고서 폐경이 오면 우울에 빠질 수 있다.

성호르몬의 차이가 존재하지 않는다는 것이 아니다. 문제는 그 영향이 지나치게 과장되어 있으며 여성을 '본질적으로 그러한 존재'로 환원시켜버린다는 점이다. 그런 태도는 여성의 우울을 어찌할 수 없는 호르몬 탓으로 돌리고, 여성을 우울하게 만드는 다른 사회적 문제들(개선할 수 있고, 개선해야 하는)에 눈감게 만든다.

거식증 이야기

식이장애eating disorder의 한 종류인 거식증은 여성의 질환으로 알려져 있다. 거식증은 남성에 비해 압도적으로 여성의 유병율이 높다.* 거식증 환자는 스스로 통제할 수 없을 정도로 음식을 거부하다가 사

* 국민건강보험공단 자료에 따르면 2015년 기준, 거식증과 폭식증을 모두 포함한 식이장애로 진료를 받은 사람은 총 6861명이며 그중 여성이 5695명, 남성이 1166명으로 여성이 남성에 5배에 육박한다.

망하기도 한다. 현재 질병으로서의 식이장애로는 크게 신경성 식욕부진증인 거식증과 신경성 대식증인 폭식증이 있는데, 주로 체중 또는 체형에 대한 강박으로 인해 발생한다. 그런데 왜 여성이 식이장애, 특히 거식증에 더 많이 걸리는 것일까?

여성이 거식증에 많이 걸리는 이유는 외모가 여성에게 더 강조되기 때문이라는 건 쉽게 짐작할 수 있다. 그런데 현대사회뿐 아니라 과거 유럽의 중세시대에도 거식증은 있었는데, 그 시대의 거식증은 지금과는 전혀 달랐다. 종교적인 실천의 의미를 가지고 있었고 소수의 성인聖人에게서만 발견되었다는 점에서 그렇다.(사회문제가 아니었다!)

종교적 의미로 스스로 식사를 금하는 절식은 고대 종교에서도 발견되지만, 극심한 수준의 절식은 영지주의gnosis 철학과 기독교의 확산으로 시작되었다고 한다.[20] 특히 13세기에서 16세기까지 현재의 거식증과 유사하게 음식을 거부하다가 죽는 경우가 나오기도 했다. 선과 악, 물질과 영혼을 이분법적으로 구분하고 금욕주의를 내세우는 종교적 신념이 식사를 극단적으로 제한하는 종교적 실천을 낳은 것이다.

특이한 점은 남성이 아닌 여성 성인에게서 극단적 금식이 많았고 그로 인한 사망도 발생했다는 점이다. 알려진 바에 따르면, 14세기 이탈리아의 가타리나와 골롬바 등의 여자 성인들이 극단적 금식을 수행했는데, 이는 그것이 당시 여성들이 자기희생의 가치를 증명하는 길이었기 때문이다.[21, 22] 많은 여성들이 마녀나 이단으로 호명된

중세시대에 순결과 속죄의 증명으로서 육체적 고통을 감내하고, 자기희생의 가치를 드러내려는 분위기가 있었는데, 그 아래서 여성들이 극단적 금식을 수행했다는 것이다. 그것이 여성에게 엄혹한 시대에 여성 스스로 삶에 대한 통제권을 획득하기 위한 길이었는지 그 당시 사회의 종교관념에 따른 희생이었는지는 논란의 여지가 있으나[23] 중세의 거식증은 그 당시 종교를 떠나서는 이해할 수 없고 소수의 성인에게 나타났다는 점에서 현대의 거식증과는 다르다.

분명한 점은 과거에는 몸 가꾸기를 위한 절식이란 존재하지 않던, 여성들의 인식 속에 전혀 없었던 행위였다는 점이다. 먹을 것도 부족하던 시절에는 몸매 가꾸기를 위해 절식을 한다는 생각 자체가 없었을 테니, 당연히 대부분의 여성에게 거식증이 생겼을 리가 없다.

현재 우리가 생각하는 거식증은 물질적으로 풍요로워진 뒤인 1960~1970년대부터 사회문제로 떠오르기 시작했다. 거식증이 알려지게 된 계기 중에는 안타까운 사망의 기록들이 있다. 그 중에 대표적인 사례는 1970년대 미국에서 인기 있던 팝 듀오 '카펜터스'일 것이다. 카펜터스는 남매로 구성된 그룹이었는데, 여성멤버인 카렌 카펜터는 10대 시절부터 계속된 다이어트 끝에 거식증에 걸렸고 1983년 33세의 나이에 합병증으로 사망했다.

현대의 거식증은 여성의 몸과 아름다움에 대한 가치와 기준이 변화하면서 발생했다고 할 수 있다. 18세기 중반 이후부터 여성의 아름다움에 대한 기준이 통통한 몸에서 마르고 날씬한 몸으로 바뀌기 시작했고[24] 이에 따라 절식 혹은 식사 거부는 종교적 수행이 아닌 몸 가꾸기의 맥락 안에 들어왔다. 그리고 점차 보통의 많은 여성들도 여기에 영향을 받게 된다. 여성의 날씬한 몸이 찬양과 선망의 대상이 되면서 많은 여성이 날씬한 몸을 위해 지금도 거식증과 폭식증을 오가고 있다.

식이장애에 대한 가장 극적인 결과는 아마도 피지섬의 사례일 것이다. 남태평양의 피지섬엔 본래 식이장애 환자가 없었지만 1995년 텔레비전 방송이 시작되면서 많은 10대 청소년이 식이장애를 가지기 시작했다.[25] 미국 등에서 제작된 프로그램에 등장하는 서구적 외모의 여성들을 보면서, 피지섬 여성들의 외모에 대한 생각이 바뀌었기 때문이다. 다이어트가 확산되었고, 일부러 토하는 행위 등 식이장애가 증가했다.

이는 우리나라에서도 마찬가지다. 식이장애의 성별 격차는 10대에 증가하기 시작하여 보통 외모에 신경을 많이 쓰는 20~30대에 매우 크게 벌어진다. 2015년도 기준 우리나라에서 식이장애로 치료받은 20대 여성은 20대 남성 대비 약 11배, 30대 여성은 30대 남성 대비 12배가 넘는다.[26] 최근에 거식증을 동경하거나 거식증 치료를 거부하고 마른 몸을 추구하는 '프로아나'라는 유행이 젊은 여성들 사이에서 퍼져 문제가 되고 있기도 하다.

성별을 구분하지 않더라도 전체 연령대 중 식이장애가 가장 많은 나이는 20대다. 20대에 식이장애가 많은 이유는 사회적으로 외모가 가장 중시되고 영향을 많이 받는 시기이기 때문이지, 20대의 생물학적 특성 때문이라고 말할 수는 없을 것이다. 한국에서 다이어트

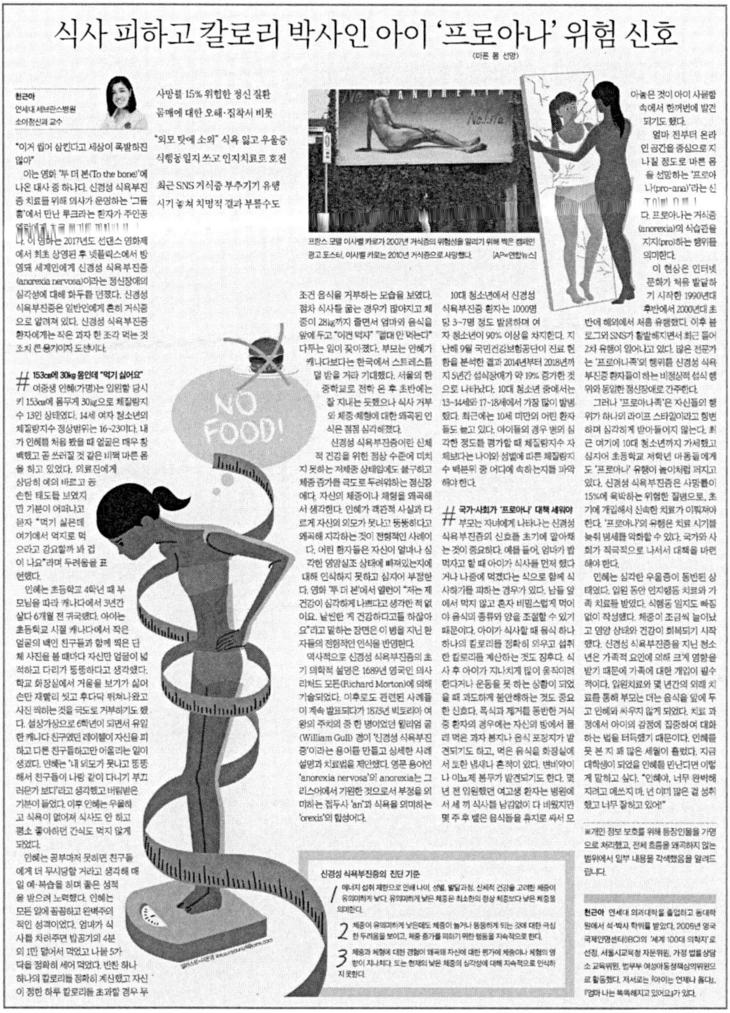

식사 피하고 칼로리 박사인 아이 '프로아나' 위험 신호

(마른 몸 선망)

천근아
연세대 세브란스병원
소아정신과 교수

사망률 15% 위험한 정신 질환
몸매에 대한 오해·집착서 비롯

"외모 탓에 소외" 식욕 잃고 우울증
식행동 일지 쓰고 인지치료로 호전

최근 SNS 거식증 부추기기 유행
시기 놓쳐 치명적 결과 부를수도

"이거 씹어 삼킨다고 세상이 폭발하진 않아"

이는 영화 '투 더 본(To the bone)'에 나온 대사 중 하나다. 신경성 식욕부진증 치료를 위해 의사가 운영하는 '그룹 홈'에서 만난 루크라는 환자가 주인공 엘런에게 [illegible] 나. 이 영화는 2017년도 선댄스 영화제에서 최초 상영된 후 넷플릭스에서 방영돼 세계인에게 신경성 식욕부진증(anorexia nervosa)이라는 정신장애의 심각성에 대해 화두를 던졌다. 신경성 식욕부진증은 일반인에게 흔히 거식증으로 알려져 있다. 신경성 식욕부진증 환자에게는 작은 과자 한 조각 먹는 것조차 큰 용기이자 도전이다.

153㎝에 30kg 몸인데 "먹기 싫어요"

여중생 인혜(가명)는 입원할 당시 키 153㎝에 몸무게 30kg으로 체질량지수 13인 상태였다. 14세 여자 청소년의 체질량지수 정상범위는 16~23이다. 내가 인혜를 처음 봤을 때 얼굴은 매우 창백했고 곧 쓰러질 것 같은 비쩍 마른 몸을 하고 있었다. 의료진에게 상당히 예의 바르고 공손한 태도를 보였지만 기분이 어떠냐고 묻자 "먹기 싫은데 여기에서 억지로 먹으라고 강요할까 봐 겁이 나요"라며 두려움을 표현했다.

인혜는 초등학교 4학년 때 부모님을 따라 캐나다에서 3년간 살다 6개월 전 귀국했다. 아이는 초등학교 시절 캐나다에서 작은 얼굴의 백인 친구들과 함께 찍은 단체 사진을 볼 때마다 자신만 얼굴이 넓적하고 다리가 통통하다고 생각했다. 학교 화장실에서 거울을 보기가 싫어 손만 재빨리 씻고 후다닥 뛰쳐나왔고 사진 찍히는 것을 극도로 거부하기도 했다. 설상가상으로 6학년이 되면서 유일한 캐나다 친구였던 레이첼이 자신을 피하고 다른 친구들하고만 어울리는 일이 생겼다. 인혜는 '내 외모가 못나고 통통해서 친구들이 나랑 같이 다니기 부끄러운가 보다'라고 생각했고 버림받은 기분이 들었다. 이후 인혜는 우울하고 식욕이 없어져 식사도 안 하고 평소 좋아하던 간식도 먹지 않게 되었다.

인혜는 공부마저 못하면 친구들에게 더 무시당할 거라고 생각해 매일 예·복습을 하며 좋은 성적을 받으려 노력했다. 인혜는 모든 일에 꼼꼼하고 완벽주의적인 성격이었다. 엄마가 식사를 차려주면 밥공기의 4분의 1만 덜어서 먹었고 나물 5가닥을 정확히 세어 먹었다. 반찬 하나하나의 칼로리를 정확히 계산했고 자신이 정한 하루 칼로리를 초과할 경우 무조건 음식을 거부하는 모습을 보였다. 점차 식사를 굶는 경우가 많아지고 체중이 28kg까지 줄면서 엄마와 음식을 앞에 두고 "이건 먹자" "절대 안 먹는다" 다투는 일이 잦아졌다. 부모는 인혜가 캐나다보다는 한국에서 스트레스를 덜 받을 거라 기대했다. 서울의 한 중학교로 전학 온 후 초반에는 잘 지내는 듯했으나 식사 거부와 체중·체형에 대한 왜곡된 인식은 점점 심각해졌다.

신경성 식욕부진증이란 신체적 건강을 위한 정상 수준에 미치지 못하는 저체중 상태임에도 불구하고 체중 증가를 극도로 두려워하는 정신장애다. 자신의 체중이나 체형을 왜곡해서 생각한다. 인혜가 객관적 사실과 다르게 자신의 외모가 못나고 통통하다고 왜곡해 지각하는 것이 전형적인 사례이다. 어린 환자들은 자신이 얼마나 심각한 영양실조 상태에 빠져있는지에 대해 인식하지 못하고 심지어 부정한다. 영화 '투 더 본'에서 엘런이 "저는 제 건강이 심각하게 나쁘다고 생각한 적 없어요. 날씬한 게 건강하다고들 하잖아요"라고 말하는 장면은 이 병을 지닌 환자들의 전형적인 인식을 반영한다.

역사적으로 신경성 식욕부진증의 초기 의학적 설명은 1689년 영국인 의사 리처드 모튼(Richard Morton)에 의해 기술되었다. 이후로도 관련된 사례들이 계속 발표되다가 1873년 빅토리아 여왕의 주치의 중 한 명이었던 윌리엄 굴(William Gull) 경이 '신경성 식욕부진증'이라는 용어를 만들고 상세한 사례 설명과 치료법을 제안했다. 영문 용어인 'anorexia nervosa'의 anorexia는 그리스어에서 기원한 것으로서 부정을 의미하는 접두사 'an'과 식욕을 의미하는 'orexis'의 합성어다.

프랑스 모델 이사벨 카로가 2007년 거식증의 위험성을 알리기 위해 찍은 캠페인 광고 포스터. 이사벨 카로는 2010년 거식증으로 사망했다. [AP=연합뉴스]

10대 청소년에서 신경성 식욕부진증 환자는 1000명 당 3~7명 정도 발생하며 여자 청소년이 90% 이상을 차지한다. 지난해 9월 국민건강보험공단이 진료 현황을 분석한 결과 2014년부터 2018년까지 5년간 섭식장애가 약 19% 증가한 것으로 나타났다. 10대 청소년 중에서는 13~14세와 17~18세에서 가장 많이 발병했다. 최근에는 10세 미만의 어린 환자들도 늘고 있다. 아이들의 경우 병의 심각한 정도를 평가할 때 체질량지수 자체보다는 나이와 성별에 따른 체질량지수 백분위 중 어디에 속하는지를 파악해야 한다.

국가·사회가 '프로아나' 대책 세워야

부모는 자녀에게 나타나는 신경성 식욕부진증의 신호를 초기에 알아채는 것이 중요하다. 예를 들어, 엄마가 밥 먹자고 할 때 아이가 식사를 먼저 했다거나 나중에 먹겠다는 식으로 함께 식사하기를 피하는 경우가 있다. 남들 앞에서 먹지 않고 혼자 비밀스럽게 먹어야 음식의 종류와 양을 조절할 수 있기 때문이다. 아이가 식사할 때 음식 하나하나의 칼로리를 정확히 외우고 섭취한 칼로리를 계산하는 것도 징후다. 식사 후 아이가 지나치게 많이 움직이려 한다거나 운동을 못 하는 상황이 되었을 때 과도하게 불안해하는 것도 중요한 신호다. 폭식과 제거를 동반한 거식증 환자의 경우에는 자신의 방에서 몰래 먹은 과자 봉지나 음식 포장지가 발견되기도 하고, 먹은 음식을 화장실에서 토한 냄새나 흔적이 있다. 변비약이나 이뇨제 봉투가 발견되기도 한다. 몇 년 전 입원했던 여고생 환자는 병원에서 세 끼 식사를 남김없이 다 비웠지만 몇 주 후 뱉은 음식들을 휴지로 싸서 모아놓은 것이 아이 사물함 속에서 한꺼번에 발견되기도 했다.

얼마 전부터 온라인 공간을 중심으로 지나칠 정도로 마른 몸을 선망하는 '프로아나(pro-ana)'라는 신 [illegible] 다. 프로아나는 거식증(anorexia)의 식습관을 지지(pro)하는 행위를 의미한다.

이 현상은 인터넷 문화가 처음 발달하기 시작한 1990년대 후반에서 2000년대 초반에 해외에서 처음 유행했다. 이후 블로그와 SNS가 활발해지면서 최근 들어 2차 유행이 일어나고 있다. 많은 전문가는 '프로아나족'의 행위를 신경성 식욕부진증 환자들이 하는 비정상적 섭식 행위와 동일한 정신장애로 간주한다.

그러나 '프로아나족'은 자신들의 행위가 하나의 라이프 스타일이라고 항변하며 심각하게 받아들이지 않는다. 최근 여기에 10대 청소년까지 가세했고 심지어 초등학교 저학년 아동들에게도 '프로아나' 유행이 놀이처럼 퍼지고 있다. 신경성 식욕부진증은 사망률이 15%에 육박하는 위험한 질병으로, 초기에 개입해서 신속한 치료가 이뤄져야 한다. '프로아나'의 유행은 치료 시기를 늦춰 병세를 악화할 수 있다. 국가와 사회가 적극적으로 나서서 대책을 마련해야 한다.

인혜는 심각한 우울증이 동반된 상태였다. 입원 동안 인지행동 치료와 가족 치료를 받았다. 식행동 일지도 빠짐없이 작성했다. 체중이 조금씩 늘어났고 영양 상태와 건강이 회복되기 시작했다. 신경성 식욕부진증을 지닌 청소년은 가족적 요인에 의해 크게 영향을 받기 때문에 가족에 대한 개입이 필수적이다. 입원치료와 몇 년간의 외래 치료를 통해 부모는 더는 음식을 앞에 두고 인혜와 싸우지 않게 되었다. 치료 과정에서 아이의 감정에 집중하여 대화하는 법을 터득했기 때문이다. 인혜를 못 본 지 꽤 많은 세월이 흘렀다. 지금 대학생이 되었을 인혜를 만난다면 이렇게 말하고 싶다. "인혜야, 너무 완벽해지려고 애쓰지 마. 넌 이미 많은 걸 성취했고 너무 잘하고 있어!"

※개인 정보 보호를 위해 등장인물을 가명으로 처리했고, 전체 흐름을 왜곡하지 않는 범위에서 일부 내용을 각색했음을 알려드립니다.

신경성 식욕부진증의 진단 기준

1. 에너지 섭취 제한으로 인해 나이, 성별, 발달과정, 신체적 건강을 고려한 체중이 유의미하게 낮다. 유의미하게 낮은 체중은 최소한의 정상 체중보다 낮은 체중을 의미한다.
2. 체중이 유의미하게 낮은데도 체중이 늘거나 뚱뚱하게 되는 것에 대한 극심한 두려움을 보이고, 체중 증가를 피하기 위한 행동을 지속적으로 한다.
3. 체중과 체형에 대한 경험이 왜곡돼 자신에 대한 평가에 체중이나 체형의 영향이 지나치다. 또는 현재의 낮은 체중의 심각성에 대해 지속적으로 인식하지 못한다.

천근아 연세대 의과대학을 졸업하고 동대학원에서 석·박사 학위를 받았다. 2006년 영국 국제인명센터(IBC)의 '세계 100대 의학자'로 선정. 서울시교육청 자문위원, 가정 법률상담소 교육위원, 법무부 여성아동정책심의위원으로 활동했다. 저서로는 『아이는 언제나 옳다』, 『엄마 나는 똑똑해지고 있어요』가 있다.

마른 몸을 이상화하는 사회의 미적 기준은 SNS 환경과 만나 '프로아나'라는 현상을 낳았다. 이 단어는 찬성을 뜻하는 접두어 '프로(pro)'와 거식증을 뜻하는 '애너렉시아(anorexia)'의 합성어로, 거식증을 옹호하고 지지하는 행위 또는 사람을 뜻한다. 우리나라에서는 '개말라' '뼈말라' 등의 키워드로도 유행하고 있다. 주로 10~20대인 이들은 완전히 굶거나 먹고 토하는 등의 극단적인 다이어트를 실행한다.(중앙선데이, 2020년 9월 26일)

는 일상생활이며 많은 미디어 프로그램이 폭식(먹방)과 다이어트를 동시에 보여준다. 한국의 여성, 특히 청소년이나 젊은 여성은 실제보다 자신의 체중을 과대평가(실제보다 뚱뚱하다고 평가)하는 경향이 있고, 자신의 체형에 만족하지 못하는 경우 식이장애를 겪는 비율이 높다.[27] 반대로 남성은 자신의 체중을 저평가, 즉 실제 체중보다 날씬하다고 생각하는데 이를 여성과 남성의 생물학적 차이로 설명할 길은 없다.

거식증에 대한 뇌과학 연구는 거식증의 원인이 뇌의 기능 저하나 뇌의 구조적 차이 때문이라고 한다. 거식증 환자는 일반인에 비해 자신의 체형을 뚱뚱하다고 평가하는데, 그들의 뇌를 스캔해보니 뇌의 특정 영역이 일반인과 다르게 반응하더라는 것이다.[28] 그런데 그것은 '이미' 거식증이 걸리고 난 상태의 뇌를 살펴본 것이기 때문에 거식증의 원인을 밝혀내진 못한다. 거식증 환자의 뇌에는 왜 그런 현상이 나타나는지, 선천적인 이유인지 마른 체형을 강요하는 사회 때문인지, 자신을 뚱뚱하다고 생각하는 사람은 왜 여성이 많고, 본인이 통제할 수 없을 정도의 식이장애가 왜 여성에게 압도적으로 높게 나타나는지를 이미 거식증에 걸린 환자의 뇌를 찍어서 밝힐 수는 없는 일이다.

뇌와 호르몬을 자세히 들여다보는 것은 분명 의미가 있다. 고장 난 뇌와 제멋대로 춤추는 호르몬을 의학적으로 잘 조절할 수 있다면 스스로의 노력으로 회복되지 않는 사람들에게 도움을 줄 수 있을 것이다. 우울증에는 분명 의학적 치료가 필요한 경우도 있다. 그러나 생물학적 접근은 우울을 발생시키는 근본적인 원인을 보지 못한다. 현미경으로 세포를 들여다보는 것은 의미 있지만 그렇다고 세포만으론 전체 개체를 이해할 수는 없는 것과 같다.

생물학적 접근은 여성의 우울을 원래 가진 특질이나 취약성으로 환원할 위험성도 있다. 성호르몬, 신경전달물질의 불균형, 뇌의 기능저하 등을 강조하면 여성이 겪는 우울증을 그냥 어쩔 수 없는 문제로 만들어버리고, 생리적 증상 뒤에 가려져 있는 진짜 원인을 파악하려는 시도를 차단하게 된다.

2

심리적 특성으로 설명하기

여자의 심리적 특성이 문제인가

심리학은 우울을 유발하는 '심리적' 원인에 관심을 기울인다. 예를 들어 같은 사건을 겪은 사람들 중에서도 어떤 사람은 우울하고 어떤 사람은 우울하지 않다면 그 차이는 어디서 발생하는가가 중요한 질문이다. 그리고 심리학에서는 그 차이가 주로 개인 내부의 심리적 능력이나 특성에서 기인한다고 본다.

이러한 심리적 능력 혹은 특성 중의 하나가 인지정서반응cognitive emotional response 혹은 인지조절능력cognitive emotional regulation이다. 힘든 일을 겪었을 때 개인이 그 사건에 대해 어떻게 생각(인지)하고, 어떤 감정(정서)적 반응을 보이는가에 대한 것이다.

어려움이나 불행이 닥쳤을 때 모든 사람들이 같은 반응을 보이는 것은 아니다. 직장에서 상사의 질책을 들은 경우를 생각해보자. 어떤 사람은 본인이 부족하고 못나서 그런 일이 벌어졌다고 생각(자기비난)한다. '내가 못나서 그래' '내가 바보 같아서 일을 못했어'라고 생각하는 것이다. 반면 어떤 사람은 '동료가 도와주지 않아서 그래'라는 식으로 다른 사람 때문이라고 생각(타인비난)하기도 한다. 또는 그저 받아들이거나(수용), '이 일 때문에 내가 성장할 수 있었어, 배운 것도 있어'라는 식으로 긍정적으로 생각(긍정적 재평가)하기도 한다. 그도 아니면 질책받은 일을 잊으려 기분전환을 하거나 관심을 다른 곳으로 돌리기도 할 것이다.(긍정적 초점변경) 이 외에도 사건과 그로 인한 감정을 계속 되새기고 곱씹는 것(반추하기)과 '이제 난 찍혔으니 회사생활은 끝이야'라며 최악의 경우를 생각하는 반응(파국화)도 존재한다.[29]

이러한 여러 가지 반응 중에서 우울을 유발하는 정서반응은 어떤 것일까? 아마도 예상하기 그리 어렵지 않을 것이다. 불행한 사건이나 어려움이 있을 때 자기 자신을 비난하거나, 계속 반추하거나, 최악의 경우를 생각하는 성향을 가진 사람은 우울 수준이 높다.[30] 이에 반해 긍정적으로 재평가하거나, 아예 다른 일로 관심을 옮긴다면 잘 우울해지지 않는다. 결국 긍정적으로 생각할 줄 아는 사람이 스트레스를 받아도 회복이 빠르고 우울로부터 자신을 보호할 수 있다는 이야기다.

자기비난·반추·파국화 등의 부정적인 정서반응 중에서도 우울에 특히 영향을 미치는 것은 반추라고 한다.[31] 그리고 이것이 자기비난

성향과 더불어 여성이 남성보다 우울한 이유를 설명하는 심리적 특성으로 고려된다.(자기비난은 낮은 자존감으로 연결되는데, 이러한 낮은 자존감도 여성이 남성보다 우울한 이유로 거론된다.)

성차에 대한 심리학 연구들은 여성이 남성에 비해 반추하는 성향을 갖고 있기 때문에 여성이 더 우울하다고 본다. 불행한 일이 있을 때 여성은 계속 그 일을 생각하고 슬픈 감정에 침잠하는 데 비해 남성은 밖으로 주의를 돌리는 성향이 높고(긍정적 초점변경), 이것이 남성이 덜 우울한 이유라는 것이다. 남성들끼리 비교를 해도 반추하는 성향이 높은 사람이 그렇지 않은 남성에 비해 더 우울하다. 그리고 일반적으로 여성이 남성과 같은 사건을 겪어도 더 부정적이고 지속적으로 생각하는 경우가 많기 때문에 우울증에 잘 걸린다는 주장이다.

그런데 이러한 설명에는 몇 가지 생각해볼 점이 있다. 첫째, 사실상 반추하기 자체가 우울과 겹치는 감정이라는 점이다.[32] 부정적 감정을 되새기고 계속 생각한다는 것은 이미 우울한 상태와 별반 다르지 않다. 반추를 많이 해서 우울한 것인지, 우울한 사람이 반추를 많이 하는지 명확히 구분하기 어렵다.

둘째, 여성과 남성의 심리적 특성이 다른 것이 사실이라고 하더라도 이 심리적 특성을 본질적인 원인이라고 볼 수는 없다는 점이다. 애초에 왜 여성이 남성보다 반추나 자기비난을 많이 하는 것일까? 대부분의 연구는 여성과 남성의 정서반응이 다르다면 왜 다른지에 대한 설명은 제시하지 않는다.(물론 성별에 따른 정서반응 차이의 원인을 찾으려 하는 심리학 연구들도 있다.) 자기비난과 반추하기가 여성이 이미 이전부터 더 많은 스트레스 사건을 경험했기 때문인지, 선천적 기질인지 알 수 없다. 예를 들면, 아동기에 지나친 부모의 통제나 성적 학대를 경험한 사람들은 성인기에 반추하는 성향이 높은데[33] 여성이 남성에 비해 부모로부터 강한 통제를 받으며 자라고, 성적 학대 피해 경험 비율이 더 높다. 여성이 반추 성향이 있다고 하더라도 처음부터 태생적으로 주어진 것인지 성장과정에서 형성된 것인지는 생각해볼 필요가 있는 것이다.

마찬가지로 여성들이 자신이 겪은 사건을 좀 더 부정적이고 통제하기 힘든 것으로 받아들이는 경향[34]이 있다 하더라도 이것이 문제해결에 사용할 수 있는 물질적 자원, 권력, 지위가 남성에 비해 부족하기 때문인지, 여성이 원래 심리적으로 부정적이어서인지 질문해봐야 한다.

더 근본적인 문제는, 심리적 특성과 우울 간의 관계를 강조하는 연구가 의도하지 않았다 하더라도 여성의 정서반응을 부정적인 것으로 낙인찍는다는 사실이다. 여성이 반추하기를 더 많이 한다고 하더라도 반추하기는 나쁘기만 한가? 부정적인 감정 그 자체에 오래도록 빠져 있는 것은 좋지 않다고 하더라도, 나에게 닥친 사건에 대해 깊이 생각하는 것을 반드시 나쁘다고만 할 수는 없다. 무조건 다른 일로 주의를 돌리는 것보다 반추하기는 어떤 측면에서는 자기성찰과도 연관되기 때문이다.[35] 긍정적 반추하기로서의 성찰은 오히려 내 앞에 놓인 문제의 해결방법을 생각하게 하고 사건 이후에 나 자신을 성장시킬 수 있다.

우울에 취약한 성격?

나 나름대로 뻔뻔하게 전반적인 여성에 대해 오랜 세월 품어온 설이 한 가지 있다. 그것은 '여성은 화내고 싶은 건이 있어서 화내는 게 아니라, 화내고 싶을 때가 있어서 화낸다'라는 것이다. 남자가 화낼 경우, 거기에는 대개 '이러이러해서 화난다'는 줄거리가 있다.(그것이 적절한지 어떤지는 둘째 치고) 그러나 여자는 내가 본 바, 대부분의 경우 그렇지 않다. 평소에는 특별히 눈초리를 추켜올리지 않고 온화하게 넘기던 일도 하필 화나는 시기에 걸려버리면 화를 낸다.

무라카미 하루키의 『샐러드를 좋아하는 사자』에 나오는 대목이다. 하루키만이 아니다. 많은 사람들이 여성은 '줄거리 없이' 신경질적이고 감정 기복이 심하다고 믿는다. 그리고 이런 변덕스럽고 감정적인 성격 때문에 여성이 더 우울에 잘 빠진다고 이야기한다.

성격과 우울에 대한 연구는 특정한 성격유형이 우울을 높인다고 본다. 성격유형에 대한 여러 가지 분류법이 있지만, 대표적인 것으로 성격을 다섯 가지 유형big five personality traits으로 나누는 방식이 있다.[36] 이 다섯 가지는 신경증neuroticism, 외향성extroversion, 개방성openness to experience, 친화성agreeableness, 성실성conscientiousness으로, 이 중에서 우울을 높이는 성격은 신경증과 낮은 외향성(즉 내향성)이다.

신경증은 근심 걱정이 많고, 차분하기보다는 감정 기복이 많은 성격을 말한다. 흔히 '신경질적이고 예민하다'라는 말을 듣는 성격유형이며 우울·불안과 관련이 깊다. 신경증과 외향성은 앞에서 살펴본 반추하기에도 언급되어 있는데, 특히 외향적인 사람은 반추하는 경우가 적고 불행한 사건이 있을 때 다른 데로 관심을 쉽게 돌린다. 그렇기 때문에 외향적 성격을 가진 사람은 스트레스를 주는 일을 겪더라도 덜 우울하다. 우울과 성격에 대한 연구에서는 외향적인 사람들이 밝고 명랑하며 사교적이고 긍정적인 사고력이 높아 스트레스에 강하다고 한다. 그러니 외향성이 낮은, 즉 내향적인 사람은 스트레스에 약하고 쉽게 우울해진다는 이야기가 된다.

그렇다면 여성의 우울은 신경증과 내향성 때문인가? 여성이 더 신경증적이고 내향적인가? 이 질문에 대해 두 가지의 측면에서 논의할 수 있다. 첫째는 신경증과 내향성이 태생적인 것인지 후천적인 것인지 명확하지 않다는 점이며, 둘째는 심지어 여성이 더 신경증적이거나 내향적이라는 일관된 증거도 없다는 사실이다.

보통 사람들은 성격이 타고나는 것이며 바뀌지 않는다고 생각한다. 심리학에서도 일반적으로 성격, 특히 기질temperament은 태어날 때부터 주어지고 사는 동안 동일하게 유지된다고 본다. 그러나 성격character은 살면서 변한다. 특히 성격은 어린 시절의 경험과 양육방식의 영향을 많이 받는다.

여자아이와 남자아이가 각자 여성다움과 남성다움을 배우고 내

변화하는 과정도 성격에 영향을 준다. 예를 들면, 많은 사람들이 암암리에 여자아이들은 '나대는' 것보다 차분하고 얌전한 성격을 갖는 게 좋다고 생각한다. 과거에 비해 변했다 하더라도 최소한 여자아이의 경우에는 내향적 성격이 문제가 되지 않는다. 남자아이가 소극적이거나 내향적인 경우 부모들은 성격을 적극적·외향적으로 바꾸려고 노력하지만, 여자아이들에게는 그러지 않고 오히려 지나치게(?) 적극적인 경우 부정적인 시그널을 보내는 경우도 많다. 보수적인 사회의 여자아이는 더 얌전하고 소극적이 된다. 즉 내향적인 성격을 갖게 되는 것이다.

신경증도 아동기의 경험에 의해 영향을 받는다. 어린 시절에 신체적·정서적·성적 학대를 경험했느냐가 성인이 되었을 때의 성격에 어떤 영향을 주고, 이것이 우울에 영향을 미치는지를 분석한 적이 있다.[37] 그 결과, 어린 시절에 학대를 당한 경우 성인기에 신경증적 성향이 높아졌고, 이것이 우울 수준을 높였음을 알 수 있었다. 이 자체는 별로 놀랍지 않은 결과다. 그런데 이 연구에서 발견한 두번째 사실은 그렇지 않았다. 분석 결과 여성이 특별히 더 내향적이지도 신경증적이지도 않았다. 외향성과 신경증에 중요한 영향을 미치는 요인은 어린 시절의 학대 경험 여부이지 성별이 아니었다.

물론 서구의 여러 연구들이 일반적으로 여성이 남성에 비해 신경증 수준이 높다고 보고한다. 그러나 대부분의 연구들이 여성과 남성이 경험한 스트레스 사건이 성격에 영향을 미쳤는지 여부를 검증하지 않는다. 예를 들자면, 학대 경험이 있었는지 고려하지 않고 성별만 비교한다는 것이다. 또한 서구 여성들은 남성보다 외향성이 높다. 성격에 나타나는 성별 차이는 문화에 따라 다르다는 것이다.[38] 캐나다에서 진행된 한 연구는 여성이 남성보다 신경증이 높지만 외향성도 높다는 것을 보여주었다.[39] 그러나 그 성별 차이가 크지 않았으며 인종과 연령에 따라서도 달랐다. 신경증의 하위요소인 감정의 기복, 즉 변동성volatility은 오히려 백인 남성이 백인 여성보다 높았고 친화성은 백인 남성이 아시아계 여성보다 높았다. 게다가 변동성은 남성의 경우 나이가 들수록 높아지고 여성은 나이가 들수록 낮아졌다. 나이에 따라서도 여성과 남성의 성격은 변한다는 이야기다.

결국 성별에 따른 성격의 차이는 우리가 믿는 것만큼 존재하지도, 보편적이지도 않은 것이다.

혼자 살 때 여성과 남성은 어떻게 다른가

우울의 원인으로 꼽히는 또 다른 심리적 특성이 의존성dependency이다. 자율성이 낮은 성격을 가진 사람이 더 우울하다.[40] 그리고 보통 자율성·독립성은 남성의 심리적 특성이고 의존성은 여성의 특성이라고 여겨져왔다. '여성은 의존적, 남성은 독립적'이라는 이분법은 여전히 공고해서 여성에게는 울타리가 되어줄 남편이나 아들과 같은 보호자가 있어야 한다고 믿는 사람도 많다.

여성이 일반적으로 타인과의 관계와 교류를 중시하는 성향을 가졌다고 할 수 있을지는 모르지만, 이를 의존성이라고 볼 수는 없다.● 물론 관계지향성이 극단적으로 발현될 때 관계에 집착하거나 의존하는 경향을 보일 수 있다. 그러나 근본적으로 관계지향성과 관계의존성은 엄연히 다르다. 학술적인 연구에서는 관계지향성을 측정할 때 하위개념으로 의존을 포함하기도 하지만, 관계지향성이 일반적·긍정적 특성을 고려할 때 부정적인 의미의 의존과는 구분되어야 한다. 여성이 타인과의 관계를 유지하고 관리하는 일을 더 중요하게 생각하고 잘하는 것은 사회화 과정에서 강화된 특성이며, 이것이 여성이 '관계의존적'이라는 사실을 의미하는 것은 아니다. 타인과의 관계는 성별을 떠나 모든 인간에게 필요한 것이며 남성도, 그리고 때때로 남성이 더 관계의존적이다.

사별효과widowhood effect는 배우자 사별 후에 남은 사람의 신체와 정신건강이 나빠지는 현상을 지칭한다. 배우자의 사망은 인간이 살면서 겪는 가장 슬프고 고통스러운 사건 중의 하나로 꼽힌다. 사별 후 애도의 과정은 자연스러운 것이지만, 이 과정이 지나치게 길어지거나 만성적 우울상태로 진행되는 경우도 있다. 사별 후 장기화된 슬픔과 스트레스는 신체건강에도 영향을 미치는데 이러한 부정적 효과를 통틀어 사별효과라고 한다.

그런데 이 효과는 주로 남성에게서 강하게 나타난다. 사별은 누구

● 여성의 관계지향성은 긍정·부정의 영향이 모두 존재하며 이는 관계를 둘러싼 상황적 맥락에 따라 달라진다. 자세한 것은 3부에서 다룬다.

배우자와 이혼-사별-별거하면…

자살위험, 男 2배로 늘고 女 34% 줄어

원광대, 성인 1만9243명 조사

"성별 특성 고려한 예방대책 필요"

이혼하거나 아내와 사별한 남성은 아내가 있는 남성보다 자살 위험이 2배 이상 높은 것으로 나타났다. 반대로 여성은 이혼, 사별 후에 오히려 자살 위험이 낮아졌다.

21일 이영훈 원광대 예방관리센터 교수팀이 [illegible] 조사에서 지난 1년간 자살 생각을 한 경험이 있다고 답한 성인 1만9243명을 대상으로 분석한 결과 이같이 나타났다. 연구팀은 대상자의 결혼 여부, 교육 수준, 가구 소득이 자살 시도에 미치는 영향을 조사했다.

그 결과 배우자와 이혼, 사별했거나 별거 중인 남성의 자살 위험은 결혼 상태를 유지하고 있는 남성보다 2.1배 높았다. 미혼 남성의 자살 위험은 기혼 남성보다 1.3배 높았다. 반면 미혼 여성의 자살 위험은 기혼 여성의 75% 수준에 그쳤다. 결혼 상태를 유지하고 있는 여성보다 이혼이나 사별, 별거 등으로 혼자인 여성의 자살 위험이 34% 낮았다.

또 남성은 가구 소득이 낮을수록 자살 위험이 높게 나타났다. 월평균 가구 소득이 100만 원 이하인 남성은 400만 원이 넘는 남성에 비해 자살 위험이 1.9배 높았다. 여성은 소득 차이에 별다른 영향을 받지 않았다. 대신 정규 교육을 받지 못한 [illegible] 자살 위험이 2.4배 높게 나타나는 등 교육 수준이 여성의 자살 위험에 큰 영향을 미쳤다.

이 교수팀은 "남성은 이혼, 별거, 사별을 겪거나 소득이 낮을수록 자살 위험이 높았고, 여성은 교육 수준이 낮고 술을 자주 마시거나 친구나 이웃 관계가 안 좋을수록 자살 위험이 높아졌다"며 "이처럼 성별 특성을 고려한 자살 예방 대책이 마련되어야 한다"고 말했다. 이번 연구는 '대한의학회지' 최근호에 게재됐다.

김호경 기자 kimhk@donga.com

여러 연구들은 일관되게 이혼이나 사별 등 결혼관계의 해체가 남성에게 더 해로운 영향을 준다고 보고한다. 남성이 결혼으로부터 얻는 이익이 더 크고, 아내에게 생활의 많은 부분을 의지한다는 증거로 볼 수 있다.(동아일보, 2016년 11월 22일)

에게나 힘든 일이지만 여성이 남성보다 더 잘 극복하고 새로운 삶에 적응한다. 남성의 경우는 배우자 사망 후 정신적으로 잘 적응하지 못하고 우울증이 나타나는 경우가 여성보다 많고, 심지어 사망률도 높아진다.[41] 남성은 배우자 사망 후 2년 내에 사망할 확률이 여성보다 높다.

이러한 성차는 한국에도 발견된다. 65세 이상의 한국노인을 대상으로 연구를 진행해본 결과, 사별은 여성의 정신건강에 치명적이지 않았다.[43] 반면에 남성에게 사별은 매우 부정적이어서 사별한 남성의 우울이 그 누구보다 높았다. 사별은 남성의 정신건강을 해치지만 여성의 정신건강에는 상대적으로 그렇지 않다는 것이다. 더불어 이혼·별거 등의 결혼해체도 남성의 우울을 높였다. 결혼이라는 관계의 해체는 적어도 정신건강의 측면에서는 여성에게 심각한 영향을 미치지 않는다. 여성은 남성보다 상대적으로 더 원활하게 사별 후 애도의 과정을 극복하고 새로운 삶에 적응한다. 이혼과 별거의 경우도 마찬가지다. 반면 남성은 배우자에게 일상생활의 많은 부분과 정서적 지지emotional support를 의존하기 때문에 배우자의 부재는 남성의 삶에 큰 도전이 되며 외로움·고립감 등을 키워 정신건강의 측면에서 취약하게 만든다.

이와 비슷하게 혼자 사는 일도 마찬가지다. 흔히 독거노인의 외로움·정신건강·자살의 문제가 심각하다고 알려져 있다. 얼마나 자신의 생활에 만족하는지를 의미하는 삶의 만족도에 초점을 맞추어 독거노인들을 살펴본 연구가 있다.[44] 2년 사이에 1인가구가 된 노인과 계속 가족과 함께 사는 노인, 그리고 2년 전부터 혼자 살아온 노인을 구분하고 각각 삶의 만족도를 비교했다. 그런데 여성노인과 남성노인 사이에 차이가 있었다. 여성노인의 경우는 계속 혼자 사는 경우와 2년 사이에 1인가구가 된 경우가 모두 삶의 만족도를 낮추지 않았다. 반면 남성노인은 2년 사이에 혼자 살게 되거나 계속 혼자 산 경우에 삶의 만족도가 매우 낮았다. 남성노인에게는 혼자 산다는 것이 큰 어려움을 안겨주지만 여성노인에게는 그렇지 않은 것이다.

남성은 일상생활 유지와 정서적 측면에서 여성에게 의존하고 결혼관계가 해체될 때 여성보다 우울하다. 남성은 친밀한 관계를 구축하고 정서적 지지를 교환하는 일에 상대적으로 미숙한 반면, 여성은 친밀한 관계의 유지에 능숙해서 배우자가 아니더라도 친구·이웃·자녀와의 관계를 더 잘 맺고 관리한다. 남성이 배우자에게 가사노동과 정서적 지지를 의존하고 그렇기 때문에 결혼해체에 더 취약하다. 과연 누가 더 의존적인가?

3

우울의 진짜 원인을 찾아서

자살은 '우울증'이란 '질병' 때문인가

우리나라에서 자살률이 심각해지기 시작한 것은 1997년 IMF 외환위기부터였다. 1997년에는 자살로 인한 사망률이 인구 10만 명당 13.2명이었으나 외환위기 직후인 1998년에는 18.6명으로 크게 뛰었다.[45] IMF 체제를 극복하고 어느 정도 사회가 안정되면서 자살률도 다소 감소했으나 2003년을 기점으로 다시 상승하기 시작했고 현재까지도 한국의 자살률은 매우 높은 수준이다.

IMF 외환위기 때 자살이 급증했다는 것은 무엇을 말해주는가? 자살에는 사회적 원인이 작동한다는 것이다. IMF 외환위기 당시 많은 사람들이 직장을 잃었고 거리로 내몰렸으며 가족은 해체되었다. 외환위기의 파고 속에서 좌절하고 희망을 잃은 많은 사람들이 자살로

[도표] 한국의 연도별 자살률(인구 10만 명당 자살자)

출처: 국가통계포털 사망원인통계

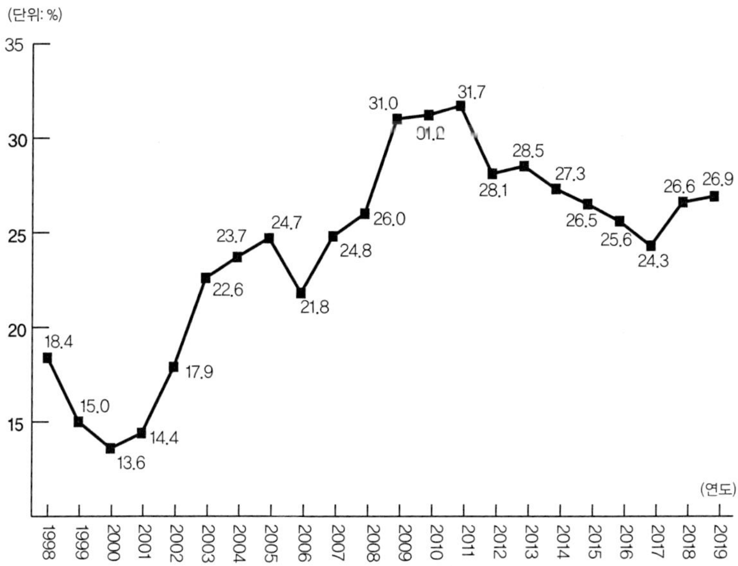

내몰렸다. 실제로 연도별 경제지표와 한국 자살률 간의 관계를 살펴보면 실업률이 증가할수록, 소득이 양극화할수록 자살률이 증가한다.[46]

우리나라가 외환위기를 예상보다 빨리 극복하면서 1999년 이후 자살률이 감소했지만, 많은 신용불량자가 발생한 2003년 '카드대란' 이후에 다시 자살률이 증가하기 시작했다는 것은 결코 우연이 아니다. 한국의 자살률은 1997년 외환위기, 2003년 카드대란, 2008년 국제금융위기 등 사회적 위기 시점 이후에 증가하는 패턴을 보인다. 어찼든 해마다 증감은 있지만 전반적으로 한국의 자살률은 상승 곡선을 그리고 있어서, 2019년 기준 전체 연령대의 자살률은 10만 명당 26.9명을 기록했다.

2003년 이후가 그 엄혹했다던 외환위기 때보다 높은 자살률을 보이는 이유는 무엇일까? 더 많은 사람들이 힘들어하고, 슬퍼하며, 희망 없다고 생각하는 이유는 무엇일까? 경제적 어려움만이 다는 아니다. 힘들지만 그래도 살 만하다고, 살아낼 의미가 있다고 생각하는 사람은 자살하지 않는다. 사람은 미래에 대한 희망이 없을 때 목숨을 끊는다. 지난 20여 년간의 자살률은 장기화된 경제위기, 비정규직 등 불안정 노동의 확대, 양극화와 가속화된 경쟁이라는 한국 사회의 맥락을 떠나서는 설명되지 않는다.

그런데도 많은 전문가와 정부는 자살의 주요 원인이 사회가 아닌 '질병'으로서의 우울증 때문이라 한다. 높은 자살률에 대처하기 위해 우리나라 정부는 2004년에 「자살예방 5개년 종합대책」(이하 「종합대책」)을 마련했고, 그 이후로도 자살예방을 위한 여러 정책을 추진하고 있다. 2004년에 처음으로 수립된 「종합대책」은, 자살은 80% 정도가 우울증으로 인한 것이며 나머지 20%가 충동적 자살이라고 진단하고 있다. 물론 우울증이 원인 없이 생기는 것은 아니므로 우울증의 주요 원인으로 두 가지, 생물·심리학적 요인과 사회적 요인을 들고는 있다. 하지만 우울증이 실직 등의 사회경제적 요인에 의해 발생할 수 있음을 인정하면서도 "여건상" 변화시키기 힘든 요인보다는 "조기발견을 통한 치료가 가능한 우울증을 주요 사업대상으로 하는 것이 자살예방에 효율적"이라고 밝히고 있다.[47] 이러한 기조는 지금까지 크게 달라지지 않았는데, 보건복지부의 『자살예방백서』에 따르면, 2018년 기준 전체 자살동기 가운데 가장 비중이 높은 원인은 정신적·정신과적 문제라 진단했다.[48]

이것이 과연 올바른 진단일까? 우울한 사람이 자살위험이 높은 건 사실이다.(당연하지 않은가?) 그러나 우울은 자살의 원인이 아니라 자살로 가는 경로일 뿐이다. 해고당한 후 집에서 은둔해 있다 우울증에 빠지고 자살을 했다면, 자살의 원인은 해고에 있다고 봐야 한다. 사람을 우울하게 만드는 요인을 보지 않고선 근본적인 해법도 나올 수 없다. 만약 우울증이 그저 뇌질환일 뿐이라면, 그리고 자살이 우울증 때문이라면 역사적 사건과 사회의 변화에 따라 그 숫자가 변화할 이유가 없다. 뇌가 약한 사람들이 아무 이유 없이 많이 생겼다가 줄었다가 하는 것은 아닐 것이기 때문이다. 지난 20여 년간 한국 사회의 자살률 변화는 우울과 자살의 사회적 원인을 봐야 한다는 것을 말해준다.

사회는 우울의 원인이자 스위치

우울은 그냥 생기는 것이 아니다. 누가, 얼마나 우울한가는 어떤 사회에서, 어떤 시대에 살아가는가에 따라 달라진다. 인간은 사회 안에서 살고, 그 사회의 경제·정치·문화·규범 등의 영향을 받는다. 만약 이 책을 읽고 있는 당신이 다른 나라에서 태어났다면, 다른 성별로 태어났다면, 다른 시대에 태어났다면 현재의 삶과 그로 인해 느끼는 감정은 매우 달랐을 것이다.

국가별 정신건강 수준을 비교해보면 이런 사실이 더욱 명확해진다. 나라별로 정신적 고통을 겪는 사람들의 비율이 다른데, 이는 각 사회의 정치적 안정성, 실업률 등의 경제상황, 복지 수준, 성평등 수준 등 개인의 삶에 미치는 여러 가지 제도와 문화가 다르기 때문이다. 유럽의 국가를 비교한 연구들은 국가에 따라 평균적인 우울 수준이 다르다는 점을 보여준다.[49] 우울의 수준이 낮은 나라들은 북유럽이나 서유럽의 나라들이고 우울의 수준이 높은 건 동유럽 국가들이다. 이것은 무엇을 말해주는가? 사람들의 감정과 마음은 어디에 사느냐에 따라서도 달라진다는 것이다.

국가별 정신건강(그리고 궁극적으로 삶의 질)의 수준이 왜 다른지 설명할 수 있는 사회적 요인 중의 하나로 소득불평등을 꼽을 수 있다. 불평등과 건강에 대한 연구로 유명한 영국의 역학자 로버트 윌킨슨Richard Wilkinson은 소득불평등이 높은 나라일수록 그 나라 국민의 평균적인 건강 수준이 나쁘다는 것을 보여주었다.[50] 부자와 빈자 간의 격차가 높은 나라일수록 정신건강은 말할 것도 없고, 수명과 영유아 사망률 같은 생존의 측면과 살인률과 수감률 같은 범죄의 측면에서도 나쁜 결과가 나타난다.[51]

소득불평등은 어떻게 정신건강과 삶의 질에 영향을 미치는가? 잘 사는 나라라고 하더라도 그 내부에 소득불평등과 양극화가 심하다

[도표] 정신건강 형성의 경로

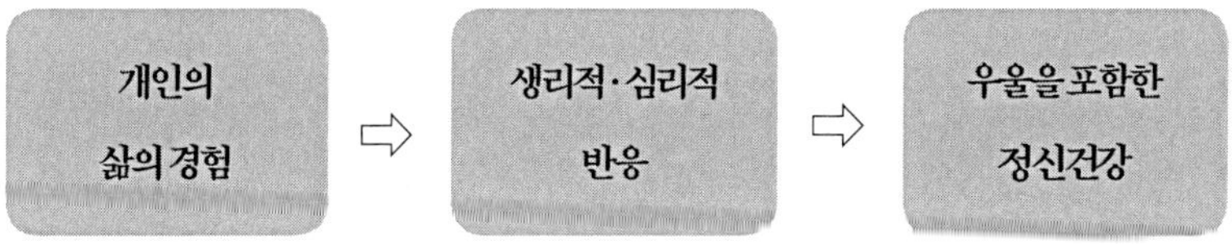

면 국민들은 행복하기 어렵다. 불평등이 높은 사회에서는 많은 사람들이 죽을 힘을 다해서 더 갖기 위해, 혹은 낙오되지 않기 위해 경쟁하고, 아무리 노력해도 극복할 수 없는 격차에 좌절하며, 타인과 자신을 비교하며 상대적 박탈감을 쉽게 느낀다. '왜 저 사람은 나보다 잘난 것도 없는데 부모를 잘 만났다는 이유만으로 저렇게 편하게 살지?' '왜 나는 열심히 사는데도 매일 이 모양 이 꼴이지?' 하며 세상이 불공평하고 잘못되었다고 생각한다. 이러한 상황이 만성화된 스트레스와 긴장을 불러일으키는 것은 물론이다. 지금 우리 사회의 모습과 크게 다르지 않다.

현재 한국의 청년들은 우울하고 불안하다. 지금의 청년세대가 이전 세대와 생물학적으로 다르게 태어난 세대이기 때문인가? 타고난 심리가 나약하기 때문인가? 그들은 IMF 경제위기 이후에 심화된 경쟁체제에서 유년기를 보냈다. 어릴 때부터 극심한 교육경쟁과 사교육에 시달렸으며 부모 혹은 기성세대의 명예퇴직과 구조조정을 보고 자란 세대이다. 게다가 현재의 취업난과 실업률은 청년을 더 불안하고 우울하게 만든다. 거의 전체 인생 동안인 20~30년을 시달려왔는데 마음이 평안할 수가 있을까? 현재 많은 청년들의 정신건강 문제는 어릴 때부터 겪어온 사회 환경에 따른 결과이지 생물학적·심리적 취약성 때문은 아니다. 사회 속 개인의 삶의 경험이 뇌와 마음을 지치게 해서 우울을 유발한다.

물론 사회가 우울의 원인이라는 말은, 사회가 생리적·심리적 반응을 온전히 유발한다는 의미는 아니다. 사회는 우울의 '스위치'가 될 수 있다. 생물학과 심리학의 연구가 주장하는 바와 같이 뇌의 기능과 심리적 특성이 남들보다 취약하게 태어난 사람들도 있을 수 있다. 한 사회에서 뇌 혹은 심리적 기질이 허약하게 태어난 사람들이 약 5% 정도 존재한다고 가정해보자.

그런데 이 5%의 사람들도 역시 사회가 원인으로 작동하지 않는 한, 즉 스위치가 눌러지지 않으면 우울이나 불안을 갖고 살지 않아도 된다. 선천적으로 소심하고 부정적인 성격을 가진 사람이 있다손 치더라도 살아가는 데 큰 고난과 위험 없이 산다면 우울은 발현하지 않을 것이기 때문이다. 생물학적·심리적 취약성이 우울의 원인이라면 한 사회에서 우울증이나 불안장애를 앓는 사람은 항상 비슷해야 한다. 예에서 가정한 대로 5% 정도 되어야 할 것이며, 사회변화에 따라 크게 증가하거나 감소할 이유가 없다. 그러나 살기 힘든 사회일수록 그 5%의 사람들뿐 아니라 그렇지 않은 사람들까지도 우울에 휩싸이게 된다.

심지어 우울증이나 불안장애보다 생물학적 원인이 더 크게 작용한다고 추정되는 조현병도 사회가 스위치 역할을 한다. 조현병도 국가별로 발생률이 다른데 여기에도 국가별 소득불평등이 영향을 미친다고 한다. 즉 소득불평등이 높은 나라일수록 조현병 발병률이 높다.[52] 이런 결과를 어떻게 해석할 수 있을까? 조현병 유발 인자가 있는 사람도 어떠한 사회에서 사는지, 그리고 그로 인해 어떠한 경험을 하고, 심리적 자극을 받는지에 따라 조현병이 발현될 수도, 그렇지 않을 수도 있다는 뜻이다.

깜깜한 밤, 방안에는 아직 불이 켜 있지 않은 상태이다. 전기 설비는 다 되어 있다고 하더라도 누군가 스위치를 딸깍, 힘을 가해 누르지 않으면 불은 들어오지 않는다. 우울도 마찬가지다. 생물학적·심리적 기질이 존재한다고 하더라도 우울이 발현되기 위해서는 누군가 스위치를 눌러야 한다. 그리고 그 누군가는 바로 '사회'이다.

여성 말고 누가 우울한가

성별을 떠나 누가, 즉 여성 말고 어떤 집단이 더 우울한지 살펴보자. 정신건강에 영향을 미치는 중요한 요인 가운데 하나가 바로 사회경제적 지위(계층·계급)이다. 사회에는 사람들이 가진 물질적·사회적 조건에 따라 칸이 나뉘는 지위 사다리가 존재하고 그 사다리의 어디에 위치하느냐에 따라 개인의 삶은 달라진다. 그리고 일반적으로 교육수준, 직업, 소득이 이 사다리 내의 위치를 결정한다.

화제가 되었던 드라마 〈스카이캐슬〉에서 "피라미드 꼭대기로 올라가야 한다"는 대사가 자주 등장했는데 바로 그 '피라미드'가 사회경제적 지위 혹은 계층을 의미한다. 그리고 그 안에서의 위치가 순수하게 개인의 노력이나 능력으로 결정되기보다는 부모에게서 자식으로 대물림되는 식으로 재생산된다는 사실도 잘 알려져 있다. 몇 년 전부터 흙수저·금수저론이 널리 이야기되기 시작한 것은 이러한 현실을 반영한 것이 아니겠는가.

피라미드 내의 위치, 즉 사회경제적 지위는 정신건강의 수준을 형성하는 매우 중요한 요인이다. 사회경제적 지위가 낮을수록 정신건강의 수준이 낮다. 왜인지 짐작하기는 어렵지 않을 것이다. 당연하게도 저소득·저학력·미취업 상태 등 사회경제적 지위가 낮은 상황에서 살아간다는 건 고난의 연속이다.

사회경제적 지위 외에 한 가지 더 중요한 요인을 들자면 다인종 혹은 다문화 사회에서의 인종race/ethnicity이 있다. 유럽이나 북미에서 흑인이 백인보다 일반적으로 우울 수준이 높다.[53, 54]

흑인이 백인보다 우울한 이유를 이야기할 때 인종에 따른 사회적 불평등을 고려하지 않을 수 없다. 흑인이 백인에 비해 태어날 때부터 가진 자원이 적고, 결과적으로 성인이 되었을 때도 백인에 비해 사회경제적 지위가 낮으며, 경제적 어려움을 포함한 여러 사회·심리적 어려움을 더 겪기 때문이다. 게다가 아주 어린 시절부터 일상생활에서 경험하는 인종차별은 평생 반복되고 누적될 확률이 높기 때문에 매우 중요한 정신건강의 결정 요인이다.

사회경제적 지위가 낮은 이들이나 인종적 소수자가 더 우울하다는 사실은 무엇을 말해주는가? 누구든 사회적으로 불리한 위치에 있는 사람들의 정신건강이 나쁘다는 것이다.

사회경제적 지위와 인종에 따른 정신건강의 격차를 이야기할 때는 아무도 호르몬으로 인한 감정기복이나 태생적으로 가지고 있는 심리적 취약성을 원인으로 이야기하지 않는다. 만약 실업자나 흑인이 생물학적으로 혹은 심리적으로 더 스트레스에 취약하다고 주장한다면 아마도 거센 비판이 일어날 것이 뻔하다.

그런데 이상하다. 왜 여성의 우울을 이야기할 때만 뇌의 차이, 호르몬으로 인한 감정기복, 심리적 특성이 등장하고 이것이 중요한 원인으로 고려되는 걸까.

4

여성으로 살아가기: 성별화된 생애과정

여성, 남성으로서의 역할과 정체성

뽀로로: 남주인공으로, 호기심이 많은 소년 펭귄이다. 비행기 조종사용 모자와 고글을 쓰고 다닌다.

포비: 큰 몸집을 가지고 있는 인간 나이로 15살(1~2기 당시)인 소년 북극곰이다. 뽀롱뽀롱 숲의 맏형으로서 다른 친구들이 하기에 버거운 일들을 해내고 다른 친구들에게 부탁을 흔쾌히 수락하는 친구이다.

에디: 영리한 소년 사막여우이다. 과학자가 꿈인 에디는 상상력이 기발하여 여러 발명품을 만들어내는 재주가 있고 그가 만든 발명품으로 인해서 친구들로부터 말썽을 일으키는 경우가 있다.

루피: 부끄러움을 많이 타는 소녀 비버이다. 루피는 소심한 성격의 소

유자로서 겁을 먹거나 쉽게 울음을 터뜨린다. 친구들이 자신을 공주라 불러야 직성이 풀리는 공주병이지만 여러 친구들에게 충고와 격려를 아끼지 않는다. 요리를 즐겨해 친구들에게 음식을 대접하기도 한다.

패티: 이 작품의 새로운 여주인공, 제2기부터 나오는 미소녀 펭귄. 뽀롱뽀롱 숲에서 이사 온 패티는 사교력이 있는 친구로, 맑고 순수하고 착하며 예쁘고 귀여운 외모를 가지고 있는 성격의 소유자. 여러 운동을 좋아하나 요리는 서툴지만 노력을 많이 하고 있다.

(출처: 위키백과에서 부분 인용, 밑줄은 인용자)

어린 아이들에게 인기가 많은 애니메이션 〈뽀롱뽀롱 뽀로로〉의 등장인물들은 전형적인 여성과 남성의 이미지에 기반하고 있다. 미디어에서 특정 집단을 묘사하는 방식을 재현representation이라고 하는데, 여성과 남성이 재현되는 방식은 기존의 고정관념을 반영하고 이 고정관념은 다시 사람들의 머릿속에 심어진다. 대부분의 아이들은 〈뽀로로〉를 보면서 자신과 성별이 같다고 생각하는 등장인물의 행동과 감정을 배우고 동일시한다. 자신의 젠더를 학습하게 되는 것이다.(이를 젠더 사회화gender socialization 라고 한다.)

젠더는 여성다움 또는 남성다움이 여성과 남성 간의 고정된 생물학적 차이에 기인한 것이 아니라 사회적·문화적으로 만들어진다는 사실을 강조하는 개념이다. 우리는 태어나자마자, 아니 이미 배속에 있을 때부터 여성 또는 남성으로 키워진다. 태아의 성별이 알려지는 순간 부모는 성별에 맞는 색깔의 옷과 아기용품을 준비하고 그에 맞

남성과 여성은 본질적으로 성격·취향·인식 등에서 차이를 보인다는 식의 이야기가 많지만, 성별 차이는 우리가 거의 태어났을 때부터 성역할 규범을 학습한다는 것을 염두에 두고 이해할 필요가 있다. 또한 남성과 여성의 차이는 절대적이지도 않고, 개인별로 큰 편차가 존재한다.

는 이름을 짓는다. 태어난 후에는 성별에 따라 다른 방식으로 양육하고, 아이는 커가면서 동성 부모나 동성 또래들을 통해 여성으로서, 남성으로서의 정체성을 형성한다.

이러한 젠더 사회화 과정을 통해서 우리는 모두 여성다움 혹은 남성다움으로 대표되는 성역할 규범을 배우고 내면화한다. 애교 많고 다정한 딸을 기대하는 부모는 그렇지 않은 딸에게 아쉬운 티를 은근히 내고 여자아이는 그 반응을 알아채는 식으로 말이다. 〈뽀로로〉에서 루피가 친구들에게 충고와 격려를 아끼지 않으며(정서적 지지), 요리를 해서 친구들에게 대접하는 것은 여성(엄마)이 할 것이라고 기대되는 행동이자 역할이다. 반대로 남자아이는 뽀로로·에디·포비처럼 활발하고 도전적이거나 듬직하고 리더가 되어야 한다. 소심하고 울음을 잘 터트리는 남자아이는 집안 어른들의 걱정거리가 된다.

사람들은 아주 어렸을 때부터 가족 및 또래와의 상호작용, 미디어나 학교교육 등을 통해 여성다움과 남성다움에 대해 배우고, 내면 깊숙이 받아들인다. 이미 받아들이고 난 후에는 그게 '나 자신(정체성!)'이 되므로 여성적 혹은 남성적 특질을 처음부터 가지고 있었다고 생각하기 쉽다. 이미 내 안에 깊숙이 여성 혹은 남성으로서의 태도·인식·규범·취향이 자리 잡고 있다.

유치원에 다니는 자녀를 둔 부모들과 이야기할 기회가 있었다. 딸을 가진 부모들은 유치원 등원을 앞둔 아침마다 옷 때문에 씨름을 한다고 푸념했다. 날씨가 추운데도 아침에 굳이 스타킹을 신고, 치마와 자신이 예쁘다고 생각하는 얇은 옷을 입으려 고집을 피우는데 감기라도 걸릴까 걱정이라는 이야기였다. 대화의 끝에 서로 고개를 끄덕이며 하는 이야기는 '여자애들은 역시 달라'였다. 남자아이들은 아무거나 입혀도 괜찮은데 여자아이들은 외모에 관심이 많다는 것이다.

그런데 외모에 대한 관심은 여성에게 처음부터 주어진 특질인가? 어린 나이부터 여자아이들이 자기가 예뻐 보이는데 관심을 가지는 모습을 보면 그렇게 생각이 들 수도 있다. 그렇지만 유아기부터 성별에 따라 외모를 다르게 평가하며 양육이 이루어진다는 걸 감안해야 한다. 여자아이에게 예쁜 옷을 사다주며 입히고 "아이고, 예쁘네~"라고 감탄하며 즐거워하는 가족이 있으면 여자아이는 예쁜 것을 좋은 것으로 인식하며 예뻐 보이려고 노력하게 된다. 여성이 남성에 비해 아름다워지려는 욕구, 외모를 가꾸려는 욕구가 더 높다고 하더라도 그것이 태생적으로 주어진 특성은 아니며, 불변의 특성도 아니다.

여성으로서, 남성으로서 내면화된 역할과 정체성은 성별에 따라 서로 다른 감정을 서로 다른 정도로 느끼게 만든다. 특히 우울은 자신이 중요하다고 생각하는 일이 잘 되지 않을 때, 즉 자신의 역할과 '나는 누구인가'라는 정체성 및 자아상[55]이 흔들릴 때 더 크게 찾아온다. 직장 일 때문에 자녀와 시간을 많이 보내지 못하는 부모의 경우, 필시 아버지보다는 어머니가 더 강한 죄책감과 슬픔을 느낄 것이다. 어릴 때부터 보고 배우며 내면화한 어머니로서의 역할과 정체성이 일/가정 갈등의 상황에서 여성에게 더 큰 스트레스와 슬픔을 유발할 가능성이 높다.

가족 내 딸의 역할도 마찬가지다. 요즘 많은 부모들이 딸이 있어야 한다고 말한다. 딸이 있어야 키우는 동안에도 더 친밀한 관계를 유지할 수 있고 나중에 늙어서도 외롭지 않다는 것이다. 딸들은 그런 부모의 기대를 암암리에 인식하고 그에 부응하고자 노력하는 경우가 많으며 그것이 옳다고 느낀다. 자신이 그 기대를 충족시키지 못한다고 생각한다면 부담과 죄책감을 느낄 것이다.

우리는 성별에 따라 서로 다른 시작점, 즉 여성으로서 혹은 남성으로서의 자리에 놓여진다. 역할과 정체성이 달라지고 이에 따라 인생에서 하게 되는 경험과 감정이 달라진다. 태어나서부터 죽을 때까지, 살아가는 모든 과정에서 성별에 따라 다른 역할과 경험을 하게 되는데 이를 성별화된 생애과정gendered life course이라고 한다. 성별은 삶의 시작점이며, 그 영향력은 죽을 때까지 계속된다. 성별에 따른 정신건강의 불평등이란 문제의 답을 찾으려면 이 지점에서부터 출발해야 한다.

근본원인으로서의 젠더

건강에 영향을 미치는 요인은 여러 가지다. 무엇보다 적절한 영양 섭취가 필요하고, 너무 춥거나 덥지 않은 주거공간도 필수적이다. 이를 위해서는 돈을 벌기 위한 직업이 필요할 뿐 아니라 적절히 쉴 시간도 있고 여가를 즐길 수 있어야 한다. 만약 직장에서 직급이 높으면 더 좋을 것이다. 월급도 많은데다 권한도 높으니 자존감과 만족감도 높아진다. 여기에다 친한 사람 중에 사회적 지위가 높은 사람, 예를 들면 변호사나 의사가 있으면(좋은 사회연결망을 갖추고 있으면) 어려운 일이 있을 때 도움이 되기 때문에 문제가 생기더라도 쉽게 해결할 수 있다. 이렇듯 건강에 영향을 미치는 요인, 즉 건강의 '원인'에는 여러 가지가 있다.

그런데 이러한 원인들에 영향을 미치는 요인이 있다. 원인들을 낳는 원인이니 '원인의 원인'이라고 할 수 있다. 근본원인론fundamental cause theory은 이 '원인의 원인'에 대한 이야기다.

근본원인론은 집단간 건강불평등을 낳는 가장 궁극적인 원인으로 사회경제적 지위(계층·계급)를 꼽는다.[56] 사회경제적 지위가 높은 사람들, 즉 교육수준이 높고 자산이 많은 이들은 앞에서 이야기한 건강에 영향을 미치는 여러 가지를 모두 가질 수 있다. 그러니 사회경제적 지위는 어느 시대라도 건강과 질병, 그로 인한 생존여부에 결정적으로 영향을 미치는 요인이라는 것이다.

그런데 사회경제적 지위 못지않게 중요한 근본원인이 성별이다. 성별은 사회경제적 지위와 더불어 다인종사회에서의 인종 혹은 출신 국적만큼이나 인간의 삶에 극적인 영향을 미친다. 성별에 따라 역할과 정체성이 달라질 뿐 아니라 사회경제적 지위가 달라지기도 하니, 어떻게 보면 사회경제적 지위보다 더 궁극적인 원인이라고도 할 수 있다.[57] 같은 교육 수준과 능력을 갖춘 여성과 남성이더라도 '유리천장'에 막혀 여성은 남성만큼 높은 지위에 올라가기 힘들다. 성별에 따라 소득·권력·특권 등의 수준이 달라지고 어떤 심리적 타격과 스트레스를 겪는가 등이 달라진다.

물론 성별만이 건강을 결정하는 유일무이한 원인이라 보는 것은 곤란하다. 모든 여성이 동질적이진 않다. 상류층의 여성과 빈곤한 여성이 같은 수준의 고난을 겪을 리 없다. 여성들 사이에서도 직업·교육수준·인종 등의 요인에 따라 차이가 생기기 마련이다.

그럼에도 불구하고 성별로 인해서 발생하는, 여성과 남성 간의 체계적 차이는 분명 존재한다. 아들과 딸 중 부모로부터 '집에 일찍 들어와라'나 '밖에서 조심해라' 같은 말을 많이 듣는 건 누구인가? 육아를 위해 경력단절을 경험하는 성별은 어느 쪽인가? 강간 같은 범죄 피해를 입을 확률은 누가 더 높은가? 인간의 삶을 이루는 여러 측면에서 남성과 여성은 큰 차이를 보인다. 그리고 이것이 건강, 특히 정신건강의 불평등으로 이어지는 것이다.*

여성의 정신건강은 여성이 살아가는 사회의 맥락 속에서, 여성의 사회적 위치로부터 설명되어야 한다. 그리고 이 사회적 위치는 단순한 사회경제적 지위가 아니라 사회화 과정을 통해 내면화되는 역할과 정체성, 그리고 성별에 따라 달라지는 삶의 경험을 아우른다. 여성과 남성은 서로 다른 종류와 강도의 위험에 노출될 뿐 아니라, 비슷한 유형의 스트레스도 성별에 따라 끼치는 영향은 달라진다.[58] (모든 유형의 스트레스가 그렇다는 뜻은 아니다.) 주어지는 역할과 정체성이 다르기 때문에 같은 경험을 하더라도 각자가 겪는 정신적 고통은 차이 날 수 있는 것이다. 맞벌이 부부가 아이를 잘 돌보지 못할 때 그에 대한 죄책감과 스트레스는 엄마 쪽이 더 크기 십상이다. 성별이 단지 생물학적 차이가 아닌 정신건강의 근본원인으로서 사회적·문화적 차이가 되는 이유이다.

그렇다면 어떻게 성별에 따라 다른 삶이 주어지고, 이것이 정신건강의 격차를 낳는다는 것일까? 이제부터 여성의 삶과 정신건강의 관련성을 구체적으로 살펴보자. 여성의 삶 속에 질문의 답이 있다.

---

* 이러한 관점의 이론적 접근으로는 차별적 노출론differential exposure이 있다. 성별에 따라 우리는 세상의 많은 것들에 서로 다르게 노출된다는, 즉 서로 다른 경험을 한다는 것이다. 여성이 남성에 비해 자원과 지위 등을 획득하는 데 불리한 반면, 위험·스트레스·부담 등을 겪을 확률이 높고 이것이 건강의 격차를 낳는다고 본다.

3부

무엇이 여성을 더 우울하게 만드는가

1

여성에게 관계는 축복인가 굴레인가

배우고 내면화되는 관계지향성

-퀴즈 문제 하나-

타인과 대화할 때 다음의 어휘를 더 자주 사용하는 성별은?

"그래서? 그런데? 그러게 말야, 그럼, 저런, 어쩌나, 참 잘 됐다, 멋지다, 어머나, 정말이야?"

정답: 여성[1]

여성은 대화할 때 공감을 표현하는 언어를 자주 사용한다. 이는 여성의 특징 중 하나인 '관계지향성'을 보여주는데, 여성은 타인과의 관계를 관리하는 데 신경을 쓰고 상대방의 감정을 포착하고 공감하는 데 집중하는 경향이 있다. 여기서의 '관계'란 교류하는 타인, 즉 사회연결망social networks의 존재 자체를 의미하기보다는 질적인 측면에서 얼마나 가깝고 친밀한 관계인가를 말한다. 개인들이 맺고 있는 사회적 관계의 규모나 범위만을 따져보면 남성이 더 큰 연결망을 갖곤 한다. 아는 사람, 교류하는 사람은 남성이 더 많다는 뜻이다.(은퇴하기 전에는 그렇다.) 일반적으로 남성이 여성보다 직업을 갖고 있는 경우가 많아 관계의 범위를 확장할 가능성이 더 크기 때문이다. 반면 여성은 주변의 가까운 관계에 집중하는 경향이 있고 감정이입과 공감에 탁월하다.

물론 이러한 관계지향성이 태생적으로 주어지고 불변하는 것은 아니다. 공감·애착·관계·친밀성 등에 가치를 두고 실천하는 여성의 성향은 자라면서 형성되고 내면화된 것이다. 양육과 돌봄이 사회적으로 여성의 역할로 주어졌다는 점에서 이런 관계지향성이 나온다. 정신분석학자인 낸시 초도로우Nancy Chodorow에 따르면, 주양육자가 어머니(여성)이기 때문에 남자아이는 자기와는 다른 성별인 어머니로부터 상대적으로 빨리 분리되지만, 여자아이는 오랜 기간 어머니와 긴밀한 관계를 유지하고 감정이입과 공감의 능력을 키우게 된다.[2] 이는 여성이 관계지향적 특질을 발전시키게 되는 중요한 원인이며 이런 성향은 청소년기에 타인과의 관계로도 확장된다. 여성은 청소년기에 들어서면서 남성에 비해 좀 더 관계중심적 특성을 갖기 시작한다.[3]

여성의 관계지향성은 중요한 가치이며 자질이다. 인간은 누구나 여성의 관계지향성으로부터 파생된 애착·배려·공감·돌봄 등의 혜택을 받고 산다. 여성은 사회적 지지social support를 제공하여 가족과 친구 등 다른 이들의 삶을 돕는다. 사회적 지지에는 크게 실질적·물리적 도움을 의미하는 도구적 지지instrumental support와 공감·응원·위로 등으로 표현되는 정서적 지지emotional support가 있는데 여성은 이 두 가지를 모두 제공한다. 흔히 가정 내에서 어머니가 하는 가사노동(도구적 지지)과 돌봄 및 애정(정서적 지지)을 떠올리면 이해하기 쉬울 것이다.

여성의 관계지향성이 남들에게만 도움이 되는 것은 아니다. 여성 스스로에게도 긍정적이다. 여성은 친밀한 관계를 맺는 데 능숙해서 남성에 비해 사회적으로 고립될 가능성이 낮다. 특히 사별한 노년기 남성은 같은 처지의 여성에 비해 친밀한 관계를 잘 맺지 못하고 고립되는 경향이 있다. 심지어 젊어서 가족관계에 소홀하던 남성은 말년에 가족 내에서도 소외되곤 한다. 뒤늦게 가족과 다시 가까운 관계를 맺고자 하지만 이미 오랜 시간 형성된 관계가 변하기는 쉽지 않다. 혼자 사는 남성노인이 우울과 자살에 가장 취약한 집단 중 하나라는 사실은 이를 잘 보여준다.

문제는 이 관계지향성이 여성에게 항상 긍정적이지는 않다는 점이다. 오히려 심리적 고통을 유발하는 경우도 많다. 관계에 대한 지나친 집착이나 의존과 같은 부정적인 경우를 말하는 게 아니라, 일반적 수준의 관계지향성도 여성의 정신건강을 해치는 기제로 작동할 수 있다. 핵심은 관계지향성이 여성의 정체성에 중요한 부분을 차지하며, 어떤 상황에서는 여성의 정신건강에 부정적일 수 있다는 사실이다.

양날의 검, 관계

① "스트레스가 많아요. 일단 사회생활에서 오는 거랑요. 가족 간의 불화, 뭐 이런 것 때문에 스트레스를 받아요."

② "진짜 죽고 싶다는 생각을 할 때는 엄마가 생각이 나, 근데 부모님이 생각이 나는데, 그럼 부모님이 돌아가시면 그때 죽어야겠다고 생각을 해, 그러면 또 슬프면서 오빠가 걱정이 돼"

위의 이야기는 자살고위험군에 속하는 사람들에 대한 연구[4]에서 발췌한 것이다. ①번 사례는 관계가 자살위험을 높일 수 있다는 것을 보여주지만 ②번 사례는 관계가 자살위험을 억제할 수 있다는 것을 보여준다. 좋은 관계는 삶을 버티게 하는 원동력이 되지만 그렇지 않은 관계는 정신건강을 해친다. 실제로 관계 문제가 자살의 주요 원인 중 하나다.[5]

그런데 관계의 영향력은 성별에 따라 다를 수 있다. 관계의 질은 남성에게도 중요하지만, 여성이 이를 더 중요하게 여길 수 있다는 것이다. 관계지향성 때문이다.

사람은 누구나 자신이 중요하다고 생각하는 일이 잘 굴러가지 않을 때 스트레스를 받는다. 학생에게는 성적이, 직장인에게는 업무의 결과가 중요하다. 그런데 여성들은 관계의 원활한 유지와 관리를 자신의 중요한 역할로 생각하는 경향이 있다. 엄마로서, 친구로서, 딸로서 당연히 해야 한다고 믿는 혹은 요구되는 일을 해줄 수 없거나 그로 인해 갈등이 벌어질 때 여성들에게 가해지는 심리적 압박은 더 크다. 최근에 유행하는 'K-장녀'라는 말은 한국의 딸들이 가정 내에서 갖는 정서적 지지자로서의 역할과 그로 인한 부담감을 잘 보여준다.[6]

결국 부모·자식·배우자 등 주위 사람들과의 관계가 좋지 못할 때 여성이 더 많이 괴로워할 수 있다는 것이다. 이것이 여성에게 미치는 관계의 '양면성'이다. 좋은 관계는 여성을 행복하게 만들지만 그렇지 않은 관계에 여성은 '더' 좌절한다.

좋은 관계, 긍정적인 사회적 관계가 여성과 남성의 자살위험성에 어떠한 영향을 미치는지 분석한 적이 있다.[7] 사회적 관계의 수준은 가족과 친구 등과 친밀한 대화를 나누는 것을 즐기는지, 고민을 털어놓을 만한 가까운 친구가 있는지, 친구들을 믿을 수 있는지, 타인과 믿을 수 있는 관계를 얼마나 경험해보았는지 등을 묻는 방식으로 측정했다. 분석의 초점 중의 하나는 긍정적인 관계가 우울이 자살위험성에 미치는 영향을 줄여줄 수 있는지였다. 우울은 자살위험성을 높이는 요인으로 잘 알려져 있는데, 우울 수준이 높더라도 긍정적 관계를 갖고 있다면 자살위험성이 낮아질 수 있는지 알아보려 한 것이다.

분석 결과 예상대로, 응답자의 우울 수준이 높더라도 가족이나 친구 등 타인과의 관계가 긍정적이라면 자살위험이 낮았다. 그런데 흥미롭게도 이러한 결과는 여성에게서만 나타났다. 여성은 우울 수준이 높더라도 긍정적인 관계를 갖고 있다면 자살위험성이 감소했지만 남성에서는 그런 효과가 나타나지 않았다. 이것은 어떤 의미일까? 남성들은 관계에 영향을 덜 받는 반면, 여성들은 관계를 중시해서 긍정적 관계로부터 살아가는 의미와 동기를 얻을 수 있다는 것이다.

그런데 이 이야기는 뒤집어보면 부정적인 관계가 여성에게 더 치명적이라는 사실을 의미한다. 우울한 여성에게 긍정적인 관계마저 없다면 자살위험성은 크게 증가한다. 실제로 자살을 생각하는 이유들을 조사해보면, 가정불화나 친구와의 다툼을 꼽는 여성의 비율이 남성들보다 2배 넘게 많다.

낮은 관계의 질은 여성의 정체성에 부정적인 영향을 미치고 삶의 의미를 상실케 할 수 있다. 여성은 다른 사람들에게 위로와 공감을 제공하는 데 탁월하지만 거꾸로 인간관계에서 발생하는 문제에 좀 더 오래도록 괴로워할 수 있다는 것이다.[8] 관계지향성의 긍정적인 측면만을 마냥 강조할 수 없는 이유다.

슬픔의 전염은 누구에게 잘 일어나나?

"기쁨은 나누면 배가 되고 슬픔은 나누면 반이 된다"라는 말이 있다. 이 말은 우리 인생에서 관계가 얼마나 중요한지를 보여준다. 기쁜 일이 있을 때 함께 기뻐할 사람이 없다면 온전히 기쁠 수만은 없는 쓸쓸함을 느낄 것이고, 슬프고 힘든 일이 있을 때 누군가 위로해준다면 다시 힘을 낼 수 있다. 그러나 슬픔은 나누어서 반이 될 때도 있지만, 때때로 관계를 통해 확산되어 배가 되기도 한다. 관계를 통한 감정의 전염에 관한 이야기이다.

사회적 전염social contagion은 직접 혹은 간접적 관계, 즉 사회연결망을 통해 행위나 규범이 확산되는 것을 말한다. 연결망을 통한 사회적 전염의 사례로 가장 널리 알려진 것은 미국의 사회학자 니컬러스 크리스태키스Nicholas Christakis와 제임스 파울러James H. Fowler가 진행한 흡연과 비만의 확산에 대한 연구일 것이다.[9, 10] 이들은 나와 가까운 사람의 흡연과 비만은 나의 흡연과 비만의 확률을 높인다는 사실을 보여주었다.

분석적 연구를 통해 이런 결과가 나오기 시작한 것은 최근의 일이지만, 사실 사회적 전염에 대한 논의는 오래전부터 있어왔다. 그중의 하나가 잘 알려진 '베르테르 효과'이다. 괴테가 1774년 『젊은 베르테르의 슬픔』을 발표한 후에 젊은 층들 사이에서 자살이 증가했던 현상에서 유래된 개념이다. 유명인의 자살이 동기가 되어 자살에 이르게 되는, 흔히 '모방자살'이라고 불리는 이 현상은 직접적으로 아는 사이가 아니어도 행동의 전염이 일어날 수 있다는 것을 알려준다.

물론 감정과 행동의 전염이 아무런 맥락과 이유 없이 마치 바이러스처럼 확산되는 것은 아니다. 직접적인 관계가 없는 유명인이 자살을 했을 때 그 사람의 자살을 어떻게 느끼느냐에 따라 자살위험도가 달라질 수 있다. 그 사람을 가깝고 친근하게 느꼈을 때, 또 그 사람의 상황을 자신의 처지와 대입해보고 지나치게 공감하거나 자신의 현재 삶을 비관하게 될 때 자살위험성이 커질 수 있다는 것이다. 실제로 2008년 10월 초 많은 사랑을 받았던 배우 최진실 씨의 자살사건 이후 여성 자살자의 수가 크게 증가했다는 연구 결과가 있다. 2008년 월별 자살자수를 살펴보았을 때 여성 자살자수가 10월에 유난히 증가했다는 것이다. 또한 베르테르 효과로 인한 자살이 여성에게 더 많이 나타났다고 추정했는데, 연구에 따르면 10월에 여성 모방자살자는 14명이었으나 같은 달 남성 모방자살자는 2명이었다.[11]

그렇다면 나와 가까운 사람의 자살은 어떨까? 당연하게도 유명인 같은 간접적 관계에 있는 사람의 자살보다도 큰 영향을 미친다. 실제로 가족을 자살로 잃은 유가족은 자살을 막지 못한 죄책감과 남겨진 사람이 갖는 심리적 고통으로 힘겨운 시간을 보낸다.[12] 일반적으로 자살자 유가족이 일반인에 비해 자살 위험이 훨씬 높다.[13]

그런데 이런 효과도 남성보다 여성에게 더 강하게 일어날 수 있다. 여성의 관계지향성이 자살과 슬픔의 전염을 더 쉽게 만들기 때문이다. 실제로 가까운 사람의 자살이 자살위험성에 영향을 미치는지, 그 효과가 성별에 따라 다른지 연구를 진행한 적이 있다.[14] 예상할 수 있다시피 가까운 사람이 자살 시도를 했거나 자살한 경우 우울 수준이 높았고, 이것이 다시 자살위험성을 증가시켰다. 이런 영향력은 기본적으로 남녀 모두에게서 나타났는데, 그 정도는 여성에게서 더 컸다.

여성의 관계지향성이 가까운 사람의 자살 후에 남겨진 시간을 더 고통스럽게 만들 수 있는 것이다. 여성들은 가까운 이들에게 정서적 지지, 즉 공감과 위로를 제공하는 것이 자신의 역할이라고 내면적으로 받아들이고, 일상에서 의식적·무의식적으로 그 일을 수행한다. 그런데 가까운 사람의 자살은 이러한 역할의 실패를 의미하기에 더 큰 죄책감을 남긴다. '왜 막지 못했을까' '힘들어할 때 왜 더 다정한 위로를 하지 못했을까' '내가 충분히 힘이 되었다면 달라지지 않았을까' 이런 생각이 맴돌며 자신의 책임이라 느끼는 것이다. 때로는 자살자의 처지에 감정이입해서, 그 사람이 겪었을 고통과 슬픔의 원인을 곱씹고 되새기기도 한다. 여성의 장점인 관계지향성과 공감 능력이 때로 단점이 되는 것이다.

여성에게는 관계를 통해 슬픔의 전염이 더 잘 일어나고, 이는 여성에게 내면화된 사회적 역할과 무관할 수 없다. 공감과 정서적 지지의 제공자로서 그 역할을 아주 어린 시절부터 내면화한 여성들에게 관계의 실패는 자신의 정체성에 큰 상처를 입히고 더 치명적인 결과를 부른다.

물론 관계의 부정적 측면 때문에 긍정적 측면이 간과되어서는 안 된다. 문제는 여성이 가진 역할에서 나온 관계지향성이 관계에 대한 과도한 부담과 책임을 강화하고, 이것이 살면서 부딪히는 여러 상황에서 여성의 정신건강에 부정적인 영향을 미칠 수 있다는 것이다. 앞으로 이 책에서 여성에게 정서적 지지, 돌봄의 역할을 과도하게 부과하는 현실에서 발생하는 정신건강의 문제를 짚어볼 것인데, 이것이 관계지향성과 만나 더 치명적인 영향을 미칠 수 있음을 염두에 두면서 읽어보길 바란다. 여성의 사회적 역할이 정신건강에 미치는 복잡한 영향력을 좀 더 잘 이해할 수 있을 것이다.

2

낮은 지위와 자원이 스트레스를 부른다

지위신드롬

지위신드롬status syndrome 이란 사회적 지위가 높은 사람일수록 건강한 현상을 말한다.

영국의 역학자인 마이클 마멋Michael Marmot은 '화이트홀 스터디'라는 연구를 통해 사회적 지위가 사망과 건강의 차이를 낳는다는 사실을 발견했다.[15] 마멋은 영국 공무원들을 대상으로 연구를 진행했는데, 그들은 직업의 특성상 최고 부유층도, 그렇다고 빈곤층도 없고 모두 높은 고용 안정성을 누리고 있었다. 이렇게 모두 정규직인 상황인데도 불구하고, 공무원 조직 내부의 직급에 따라 건강의 격차가 발견되었다는 사실은 큰 반향을 불러일으켰다.

1967년부터 시작된 장기간의 조사에 따르면 공무원의 사망률은 직급에 따라 달라진다. 공무원 중 고위 행정직의 사망률이 가장 낮고, 그 다음이 전문직, 서무직, 그리고 마지막이 하위 지원직이었다. 직업 지위가 낮을수록 빨리 죽는다는 것이다. 화이트홀 스터디가 크게 주목을 받은 이유는 건강불평등이 단지 가난한 사람과 부자 사이에서만이 아니라 지위에 따라 중산층 내부에서도 발생할 수 있다는 사실 때문이었다.

마멋은 1960년대에 시작한 1차 화이트홀 스터디에서 주로 심혈관계 질환으로 인한 사망을 다루었고 남성 공무원만을 대상으로 했으나, 1980년대에 시작한 2차 화이트홀 스터디에는 여성도 포함하고 여러 건강수준을 측정했다.[16] 2차 화이트홀 스터디를 통해 밝혀진 사실은 1차의 결과를 뒷받침했다. 남성과 여성 모두 직업에서의 지위에 따라 건강수준이 달라졌던 것이다.[17, 18]

왜 지위에 따라 사망률과 건강상태가 달라질까? 마멋은 지위신드롬의 이유로 '통제력'을 강조한다. 여기서 통제력은 자신의 일에 대한 지배력, 즉 스스로의 의지에 따라 자신이 처한 상황을 바꾸거나 조절할 수 있는지에 관련된 힘과 자율성의 정도를 말한다. 자기 인생이나 일에 중요한 영향을 미치는 사항을 스스로 어느 정도나 결정하고 통제할 수 있는가. 이런 통제력이 클수록 건강하고 오래 살게 된다는 것이다.

현실에서 자신의 삶과 일에 대해 완벽히 자율성을 누릴 수 있는 사람은 없다. 그러나 사람들 간에 차이는 분명 존재한다. 직장에서는 비정규직·임시직보다는 부서장이, 부서장보다는 사장이 더 많은 권한을 갖는다. 한평생을 부모의 바람과 지시대로만 살아야 하는 사람이 있다고 상상해보자. 자신의 삶에 대한 통제력·자율성이 없는 상황, 생각만 해도 숨이 막힐 것이다.

어느 정도의 통제력을 갖는가는 개인이나 집단이 가진 자원의 양에 따라서도 달라진다. 사회적 지위 혹은 계층지위가 높은 사람들은 물질적·사회적 자원을 더 많이 갖게 되는데 이러한 자원은 다시 삶에 대한 통제력을 높인다. 반대로 경제적인 자원(소득)이 없어 불안정한 생활을 하는 사람은 자기 뜻대로 삶을 꾸려갈 수가 없다. 다음 달 전기료와 집세를 걱정해야 한다면, 이 상황에서 벗어나기 힘들다는 생각과 근심 걱정이 떠나지 않을 것이다.

이렇게 자기 삶에 대한 통제력은 정신건강에 영향을 미친다. 중요한 점은 통제력 차이가 성별에 따른 정신건강의 격차를 낳는 중요한 요인 중 하나라는 것이다. 여전히 현실에선 여성이 남성에 비해 낮은 수준의 자원과 지위를 갖고 있기 때문이다.

누가 삶에 대한 통제력을 갖는가?

밀레바 마리치(1887~1948)[19]

1896년 스위스 취리히 공대 입학

1903년 알베르트 아인슈타인과 결혼

1919년 아인슈타인과 이혼

1948년 72세의 나이로 사망

(출처: 위키백과)

아인슈타인은 알아도 밀레바 마리치를 아는 사람은 별로 없을 것이다. 밀레바 마리치는 아인슈타인의 첫번째 부인으로 전도유망한 공과대 학생이었으나 자신의 꿈을 펼쳐보지도 못하고 불행한 삶을 살다가 사망했다. 밀레바 마리치가 아인슈타인과 대학에서 만났을 때 그녀는 동급생들 중 유일한 여성이었다. 시대적 상황을 생각해보면 그 당시 여성으로서 대단한 성취를 이루었다고 볼 수 있다. 그러나 밀레바 마리치는 대학을 졸업하기 전 아인슈타인의 아이를 임신했고, 그 이후 학업을 완전히 중단하게 된다.

밀레바 마리치가 아인슈타인의 연구에 공헌했으나 인정받지 못했다는 주장이 논쟁이 된 적이 있다. 이것이 사실인지는 알 수 없다. 그러나 분명한 것은 밀레바 마리치가 임신과 결혼 이후에 그 시대 여느 여성들과 마찬가지로 자신의 삶에 대한 통제력을 갖지 못했다는 사실이다. 아인슈타인은 유명하고 존경받는 과학자이지만 밀레바 마리치에게는 폭압적이고 비정한 남편이었다. 아인슈타인은 결혼생활을 유지하는 조건으로 "내 방과 옷을 항상 깨끗하게 정리하고 하루 세 끼 식사를 내 방으로 가져올 것" "내 방의 물건에 절대로 손대지 말 것" "나에게 어떤 애정도 기대하지 말 것이며 방에서 나가달라고 할 때 즉시 나가줄 것" 등을 요구했으며, 그러고도 결국에는 이혼에

밀레바 마리치는 당시로서는 드물게 대학교까지 진학했지만, 아인슈타인과의 결혼과 함께 자신의 진로를 포기하게 된다. 여성이 결혼·임신·출산으로 꿈을 포기하고 사회활동을 중단하게 되는 이런 이야기는 지금의 우리에게도 그리 낯설지 않다.

'성공'했다. 아인슈타인과 대학에서 만났을 때는 동등한 입장이었던 밀레나 마리치는 결혼과 함께 꿈이 좌절되었고, 아인슈타인이 과학자로 날개를 펼 때 아픈 아들을 돌보며 모든 것을 포기해야 했다.

밀레바 마리치와 같은 삶이 옛날 이야기인 것처럼 보이지만 그렇지만도 않다. 시대가 변했다고 하더라도 여성은 남성에 비해 자신의 삶에 대해 낮은 통제력을 갖는다. 왜 그런가? 현실에선 여전히 여성의 지위(또 그로 인한 자원의 정도)가 남성에 비해 낮기 때문이다.

통계 수치를 일일이 늘어놓지 않더라도, 아직까지 한국 사회 역시 여성이 남성보다 불리하다는 건 분명한 사실이다. 많이 변화해온 것도 맞지만 여성은 여전히 남성에 비해 열악한 위치에 있다. 이는 경제력, 빈곤, 노동시장에서의 상황, 직장 내 지위 등에서 여성과 남성을 비교해보면 알 수 있다. 전공과 학교가 같을지라도 여성은 남성에 비해 소득이 낮고,[20] 취업과 승진에서 불리하고, 남성만큼 높은 지위에 올라가기 어렵다. 밀레바 마리치처럼 결혼과 출산을 거치면서 자신의 미래계획과 진로를 변경하고 조절해야 하는 여성들은 현실에 맞닥뜨린다. 생애과정에서 전반적으로 남성보다 낮은 통제력을 갖게 되는 것이다.

여성에게 적당한 직업? 번아웃을 부르는 직업!

직업을 갖고 일을 한다는 것은 때때로 스트레스를 주기도 하지만 그것을 상쇄할 수 있는 보상도 돌아온다. 경제적 보상이 그렇고, 일을 하면서 느끼는(아주 가끔일지라도) 성취감이 그렇다. 우리나라에서 여성의 노동시장 참여율은 꾸준히 증가해왔다. 2019년 기준 여성 고용률은 51.6%로, 절반 정도의 여성이 일을 하고 있다.[21] 그런데 여성의 노동시장 진출이 증가하긴 했지만 성별에 따라 직종이 구분되는 현상은 여전히 공고하다. 여성'용' 직업이 따로 있는 셈이다. 성별 직업분리gender segregation in occupations 현상이다.

여성의 노동시장 참여가 늘어나는 과정에서 고학력 전문직 여성도 증가한 것은 사실이다. 그러나 한편에선 여성들이 상대적으로 사회적 지위가 낮은 이 직업들에 주로 종사하게 됐다. 1990년대 이후 증가한 여성 취업자들의 대부분이 그러했고 따라서 성별직업분리는 더 공고해졌다.[22] 게다가 이 여성 집중 직업에는 비정규직과 임시직 형태가 더 많다. 자기 통제력이 낮을 뿐 아니라 심리적 안정감을 갖고 일을 하기 어렵다는 뜻이다. 지금 하는 이 일이 끝나면 다른 일을 또 구해야 하는 비정규직 노동자는 정규직 노동자보다 불안의 수준이 높을 수밖에 없는데, 비정규직 중에는 여성이 더 많다. 통계청 발표에 따르면 2020년 기준 남성 임금노동자의 29.4%가 비정규직이었던 데 반해 여성은 45%가 비정규직이었다.

주로 여성들이 많이 진출해 있는 전문직으로는 교사·간호사 등을 떠올릴 수 있고 비전문직으로는 돌봄노동자, 판매직 등의 서비스업, 콜센터 노동자, 학습지 교사, 보험판매원 등의 특수고용 노동자들을 들 수 있다. 이 직업들은 돌봄·양육·친절·부드러움 등 '여성적'이라 생각되는 특성과 관련지어져 있다. 또한 각각의 직업에 요구되는 기술과 능력은 다를지라도 고강도의 감정노동emotional labor을 요구한다는 공통점이 있다.

감정노동은 사회학자 알리 러셀 혹실드가 발전시킨 개념으로, 혹실드는 비행기 승무원을 연구하면서 감정표현과 관리가 그들에게 노동의 하나가 되었음을 보여주었다.[23] 서비스업에서는 친절이 이윤 창출에 중요하기 때문에 회사는 노동자에게 회사 규정에 따른 친절 교육을 실시한다. 고객의 입장에서 생각하고, 느낄 수 있도록 노력하고 고객에게는 부당하다고 느끼더라도 그 감정을 드러내서는 안 되도록 배운다. 서비스업에서 친절은 기본이라고 간주할 정도로 감정노동은 우리 생활에 이미 깊숙이 자리 잡았다. 식당이나 호텔, 백화점, 고객센터 등에서 종업원이 그냥 무뚝뚝하기만 해도 기분 나빠하는 사람들까지 있다.

문제는 고강도의 감정노동이 노동자를 정신적으로 지치게 한다는 것이다. 고객을 하루 종일 상대하면서 기분 나빠도 참고, 울고 싶어도 웃어야 하는데 왜 안 그러겠는가? 혹실드는 감정노동이 노동자를 소진(번아웃)에 이르게 하거나 심지어 진짜 감정을 느끼는 능력을 잃게 하기까지 한다는 점을 밝혀냈다. 우리나라에서 지난 몇 년간 사회적으로 문제가 됐던 서비스 노동자에 대한 '갑질' 사례를 떠올리면 감정노동이 정신건강에 미치는 영향을 쉽게 이해할 수 있다.

서비스 사회가 확대되면서 여러 직업에 감정노동이 점점 더 요구되고 있다. 변호사·의사·교사 등의 전문직에서도 감정노동을 수행하며 이로 인한 스트레스를 경험한다. 그러나 이러한 직업은 일에 대해 상대적으로 높은 수준의 통제력·자율권을 가지며 업무에 대한 전문성과 권위를 누린다는 점에서 다르다. 때로는 사회적 존경도 따라온다. 그런데 감정노동의 강도는 높은데 일에 대한 통제력이 없다면?

로버트 카라섹Robert Karasek의 요구-통제 모형demand-control은 바로 이 상황에 대한 이야기를 들려준다. 카라섹은 직무가 요구하는 심리적 요구(예를 들면, 감정노동의 정도)와 노동자가 가질 수 있는 직무에 대한 통제력의 정도가 스트레스와 심리적 긴장을 결정한다고 보았다.[24] 그런데 고강도의 감정노동이 필수적인 직업일수록 통제력은 낮은 경우가 많다. 돌봄 노동자, 콜센터 노동자, 판매직 등을 떠올려보면 된다. 이들은 고객을 위해 최대한 친절·배려·미소를 장착해야 하는 동시에 자신의 업무에 대해 의견을 내거나 일의 양·시간·내용·계획 등을 변경할 수 있는 권한은 거의 없다. 문제는 친절·배려·돌봄·부드러움 등이 여성의 특성이라는 사회적 고정관념에 따라 여성들은 감정노동이 요구되는 직업에 주로 흡수된다는 점이다. 많은 사람들이 그러한 직업이 여성에게 더 맞다고 믿고, 이러한 믿음은 다시 여성의 직업을 한정시키는 힘으로 작용한다. 그러나 본래부터 여성에게 적당한 직업이란 없다. 더불어 여성 집중 직업이 낳는 심리적 고통에 대해서 진지하게 생각해볼 필요가 있다. 고강도의 감정노동을 수행하면서도 정작 자율적 통제력의 여지는 없는 데서 오는 심리적 고통을 왜 여성들이 집중적으로 겪어야 하는지 말이다.

말릴 수 없는 남편, 통제받는 아내

“남편, 말린다고 말려질 사람 아니다.” 2020년도 국정감사에서 코로나 확산 방지를 위한 해외여행 자제 권고에도 불구하고 여행을 떠난 남편에 대해 외교부 장관이 했던 답변이 화제가 되었다.[25] 장관 남편의 해외여행이 적절했는가가 여기서의 관심사는 아니다. 다만 여성이 아닌 남성이 장관이었다면 이러한 상황이 벌어졌을까? 우리나라 고위직 남성들이 부동산 투기 논란이 있을 때마다 ‘아내가 나 모르게 한 일이다'라는 핑계를 대는 것은 많이 봤지만, 그들이 '아내의 의지를 꺾을 수 없었다'라고 말하는 건 상상하기 어렵다. 장관이라면 한국 사회에서 가장 성공한 여성이지만, 부부 사이에서는 여전히 가부장적인 문화가 남아 있다는 걸 보여주는 사건이다.

세대에 따라 다른 모습을 보이긴 하지만, 우리나라 가정에서 부부 관계는 여전히 평등하기보다는 남성의 권위가 더 중시되는 경향이 있으며, 특히 중요한 문제일수록 결정권은 남편에 있는 경우가 많다. 물론 매사에 여성이 자기 뜻을 관철해야 한다는 게 아니다. 평등한 부부관계를 통해 서로 의견을 조율하고 합의하는 문화, 가사노동이나 양육에 대한 여성의 책임이나 부담이 과중되지 않는 상황이 여성의 정신건강을 해치지 않는다는 얘기다.

가정 내에서의 통제력이란 정확히 어떤 것을 말할까? 이는 권력(권한)의 차이와 역할의 과중 여부를 놓고 판단할 수 있다. 가정 내에서 결정권은 없고, 할 일은 많다면 통제력이 낮다고 할 수 있다. 개념적으로 면밀히 따지지 않더라도 여성이 가사·양육·부모돌봄 등을 자기 뜻대로 조율하지 못하고 부담만 과도하다고 여기는 상황, 가정 대·소사에서 남편이나 시부모의 결정에 따라야만 하는 상황 등을 떠올려보면 된다.(가정 내에서 여성의 통제력이 가장 낮은 극단적 상황은 가정폭력일 텐데, 가정폭력의 피해자도 대부분이 여성이다.)

여러 연구결과들이 일관되게 보여주는 것은 가정에서의 낮은 통제력이 여성의 정신건강을 해친다는 사실이다. 심지어 정신건강뿐 아니라 심혈관 질환에 영향을 미치기까지 한다.[26]

마멋의 2차 화이트홀 스터디 데이터를 분석한 연구는 가정에서의 통제력이 정신건강에 유의한 영향을 미친다는 사실을 보여주었다.[27] 가정에서 일어나는 여러 상황을 스스로 조절하거나 통제할 수 없다고 느끼면 누구나 우울과 불안이 높아진다. 성별에 따라 비교해본 결과, 우울 수준이 가장 높은 집단은 직업 직위가 낮으면서(일에 대한 통제력!) 가정 내 통제력도 낮은 여성이었다. 이들은 '이중의 위험'에 노출되어 있는 것이다.

뻔한 얘기지만 그래서 중요한 것이 부부간의 성평등이다. 성평등한 부부, 특히 남편이 전통적인 가부장적 가치보다는 평등을 중시할 때 여성의 결혼만족도가 높고 스트레스는 낮다.[28] 한국이든 서구이든 성평등 수준이 높은 가정의 여성에게 스트레스·피로도·일/가정 양립 갈등이 낮아진다.

아마도 최악의 상황은 전업주부인 아내와 성역할 태도가 매우 보수적인 남편의 만남일 것이다. 이러한 경우 가정 내 여성의 통제력은 낮아지고 그로 인한 심리적 갈등과 압박을 더 받게 된다. 한때 '화병'이 우리나라 고유의 문화적 특성에 기반한 병(증후군)으로 여겨지던 시절이 있었다. 화병은 한평생 참고 참다가 생애 중·후반기에 터지는 스트레스성 증후군으로, 우리나라에서 주로 중·장년층 여성이 화병의 상징이었던 것은 결코 우연이 아니다.

젊은 세대로 내려갈수록 과거에 비해서 부부간에 평등한 의사소통이 증가하고 있는 것은 사실이다. 그러나 부부관계가 이전 세대보다 평등한 가정 내에서도 여전히 여성은 역할 과중에 시달리고 있으며, 이에 더해 여전히 많은 여성이 가정폭력에까지 노출되어 있다. 가정에서 여성이 평등한 통제력을 얻기 전까지, 화병을 얻는 한국 여성들은 계속 생겨날 것이다.

3

맘충 아니면 슈퍼맘

엄마라는 이름을 존중하지 않는 사회

"사람들이 나보고 맘충이래." 『82년생 김지영』에 나오는 주인공 김지영의 대사이다. 김지영은 어린이집에서 아이를 데리고 나와 공원에서 1500원짜리 아메리카노를 마시다가 사람들이 자신을 '맘충'이라고 부르는 걸 듣고 충격을 받는다. "그 커피 1500원이었어. 그 사람들도 같은 커피 마셨으니까 얼만지 알았을 거야. 오빠, 나 1500원짜리 커피 한 잔 마실 자격도 없어?" 남편에게 이렇게 되묻던 김지영이 자존감에 얼마나 큰 상처를 입었을지는 쉽게 상상이 된다. 자신과 자신의 일이 무가치한 것으로 규정될 때 인간은 크게 흔들린다.

사람은 누구나 자신이 가치 있고 중요한 존재이기를 바란다. 독일의 사회철학자인 악셀 호네트Axel Honneth는 사회적 인정이 개인의 자긍심 및 자아상과 관련된다고 말한다.[29] 그런 의미에서 사회적 인정은 결과적으로 개인의 삶을 온전하게 하는 조건이다. 사람들은 자신과 자신이 하는 일이 의미 있고, 중요한 일이며, 괜찮게 하고 있다는 느낌을 받을 때 보람과 삶의 의미를 찾을 수 있다. 즉 사회적으로 인정을 받을 때 개인의 행복수준도 높아진다는 것이다.[30] 반면, 자신의 존재가 하찮게 여겨지고 자기 일이 무가치한 것으로 여겨질 때 그 사람은 행복할 수 없다. 어떤 직업이나 집단에 대한 사회적 무시와 모욕이 그 구성원의 자아상에 큰 상처를 남기게 되는 이유다.

오늘날 한국 사회에서 '어머니'라는 존재는 어떠한가? 과거나 지금이나 양육과 가사노동의 가치는 제대로 인정받지 못하고 있다. 과거에는 여성이 운전을 하면 '집에서 솥뚜껑 운전이나 하라'고 비아냥대곤 했는데 이 말에는 여성뿐 아니라 여성이 하는 양육과 가사노동에 대한 폄하까지 들어 있다. 지금도 전업주부는 '집에서 노는 사람'으로 인식된다. 그나마 과거에는 모성이 온전한 희생과 사랑의 상징으로 찬양의 대상이라도 되었지만(이것이 좋다는 뜻은 아니다), 이제는 그마저도 희미해지고 현재 한국 사회에서 젊은 엄마들은 하는 일 없이 남편의 돈으로 호의호식하는 이기적 '맘충'이 되거나 일과 가정을 모두 완벽하게 관리하는 '슈퍼맘'이 되어야 한다.

전업주부는 양육의 부담을 홀로 짊어질 뿐 아니라 양육의 가치를 인정하지 않는 사회에서 자존감에 상처를 입고, 일하는 엄마는 엄마대로 일과 가정 사이에서 소진되며 아이에 대한 죄책감을 키워간다. 가정에 전념하는 여성도, 일하는 여성도 정당하게 인정받지 못하는 반쪽짜리 엄마일 뿐이다. 그 어느 쪽도 쉽지 않다.

저글링하기: 다중역할과 정신건강

저글링, 공이나 작은 물건을 두 개 이상 손에 쥐고 번갈아가며 던지고 받는 이 묘기는 물건의 개수가 늘어날수록 어려워서 여러 개를 가지고 해내는 사람은 박수를 받는다.

그런데 이 저글링하는 물건의 수를 계속 더하면 어떻게 될까? 당연하게도 저글링하는 사람은 매우 괴로워질 것이다. 그런데 현재 대다수 기혼여성의 처지가 그렇다. 직장인·엄마·아내·딸 등의 여러 가지 역할이 쓰인 공을 가지고 균형을 잃지 않고 계속 해야 하는 저글링.

다중역할론multiple role theory은 이 저글링에 대한 이야기이다. 여성이 동시에 여러 가지 역할을 수행해야 하는 부담이 과중할 뿐 아니라, 동시에 맡은 역할 간에도 갈등과 충돌이 일어나기에 이것이 정신건강에 부정적인 영향을 미친다는 시각이다.[31] 물론 세상에 한 가지 역할만 하고 사는 사람은 없다. 여성이 엄마·아내·딸·노동자 등의 역할을 동시에 갖듯이 남성도 아빠·남편·아들·노동자 등의 역할을 갖는다. 게다가 맡은 역할이 적다고 무조건 좋은 일도 아니다. 한 사람이 한 가지 역할만 갖고 산다면, 그 삶은 너무나 단조롭고 무미건조할 것이다.(직장인의 역할만 가져서 일만 하고 산다고 생각해보자. 끔찍하지 않은가?) 사실 여러 역할을 맡을 때 성격이 다른 종류의 활동을 경험함으로써 삶이 풍요로울 수 있다.

다중역할 자체는 정신건강과 개인의 안녕well-being에 좋다.[32] 문제는 동시에 맡은 여러 역할이 과도한 부담과 긴장을 줄 때 시작된다. 특히 역할이 가진 의미와 역할 수행자의 성제성에 따라 그 부담의 수준이 달라지는데, 보통 다중역할은 남성에 비해 여성에게 더 부정적으로 작용한다.

여성과 남성이 모두 직장인·부모·배우자로서의 역할을 갖고 있더라도 그로 인해 발생하는 심리적 부담은 다르다. 자녀가 있는 맞벌이 부부를 대상으로 한 연구는 일하는 여성과 남성이 각자 가족 내에서의 역할에 대해 다르게 해석한다는 점을 보여주었다.[33]

남성이 맡은 역할들 간에는 상호연관성이 있지만 여성의 역할들은 각기 독립적이라는 점이 특히 그렇다. 무슨 의미일까? 아내, 엄마, 그리고 직장인으로서 해야 하는 일은 서로 관련이 없어서(없다고 규정되기 때문에) 한 가지 역할을 잘한다고 해서 다른 역할도 잘하고 있다고 생각하기 어렵다. 그러나 남성이 남편, 아빠, 그리고 직장인으로서 해야 하는 일은 사실상 일정 부분 겹쳐 있어서(그렇다고 믿기 때문에) 한 가지 역할을 잘하는 것만으로 다른 역할도 어느 정도 잘 수행한다고 여기며 부담을 갖지 않는다는 것이다. 예컨대 남성의 경우는 직장생활을 해내고 가족을 경제적으로 부양하면 대외적으로 괜찮은 아빠와 남편으로 인정받고, 스스로도 그렇게 인식한다. 즉 직장인으로서의 역할과 남편·아빠로서의 역할 사이에 갈등을 잘 겪지 않는다는 것이다. 게다가 가정 일을 좀 '도와주기'라도 한다면 스스로를 매우 긍정적으로 평가할 수 있다. '난 그래도 이만하면 괜찮은 남편이야' '아이들과 주말에라도 시간을 보내니 좋은 아빠야'라고 생각할 수 있다.

반면에 여성의 경우는 다르다. 여성에게는 직장에서의 성공이나 돈 버는 일이 아내로서 또 엄마로서 역할을 잘하고 있다는 생각으로 이어지지 않는다. 일과 가정은 모두 독립적으로, 즉 따로따로 생각하고 수행해야 하는 역할로 규정된다는 것이다. 직업을 가지고 돈을 벌어 가계에 도움이 되더라도, 엄마로서 아이들을 잘 돌보고 키우는 일은 또 다른 문제다. 대부분의 맞벌이 여성은 돌봄에서 조금이라도 소홀해지면 자녀에게 미안함과 죄책감을 가지지만, 남성은 그러지 않는다.

결국 가정에서 다중역할을 수행할 때 역할 간의 갈등과 긴장을 더 겪는 것은 여성이다. 물론 남성도 일과 가정 사이에 갈등을 느낄 것이다. 그러나 심리적 갈등의 정도가 다르다. 일하는 여성은 자녀를 위한 시간과 에너지를 충분히 가지지 못할 때 자신이 '좋은' 엄마가 아니라 여기지만 남성은 상대적으로 이런 생각에서 자유롭다.

가정은 두번째 일터: 2교대제

2014년에 방영되어 인기를 끌었던 드라마 〈미생〉에는 주인공 장

그래를 비롯해 회사 내 여러 인물들이 등장하는데, 그중에 워킹맘 캐릭터인 선 차장이라는 인물도 있다. 선 차장은 워킹맘의 현실을 전형적으로 보여주는데 특히 드라마 속의 한 에피소드가 기억에 남는다. 회사에서 퇴근하고 집에 온 선 차장은 아이를 재우고는 늦은 밤까지 빨래와 청소, 설거지 등의 집안일을 한다. 거실에서 빨래를 개키고 있는 중에 남편이 늦게 귀가한다. 간단히 대화를 나누고 방으로 들어가는 남편에게 선 차장은 "내일 골프 약속 있지? 옷이랑 챙겨놨어"라며 '내조'까지 한다. 이런 드라마의 내용은 일하는 여성의 현실을 압축적으로 보여준다.

사회학자 알리 러셀 혹실드는 맞벌이 부부 인터뷰를 통해 이러한 여성의 현실을 포착했다.[34] 여성이 노동시장에 참여하고 경제적 능력을 갖게 되더라도 가사와 돌봄(양육)노동은 여전히 여성의 일이기 때문에 가정은 여성에게 쉼터가 아닌 제2의 일터라는 것이다. 혹실드는 이런 현실을 '2교대제second shift' 근무란 말로 표현했다. 대부분의 여성은 직장에서 첫번째 근무를 하고 집에 돌아와 두번째 근무로 교대해 다시 일한다. 〈미생〉의 선 차장이 늦은 밤 쉬지 못하고 집안일을 해야 했던 것처럼 워킹맘은 직장과 가정, 두 군데의 일터에서 일하고 있다.

실제로 여성과 남성은 가정에서 다른 수준의 스트레스를 경험한다. 일하는 여성과 남성을 대상으로 스트레스 호르몬의 변화를 관찰한 연구에 따르면, 남성은 퇴근 후 귀가하면 스트레스 호르몬의 양이 줄어들지만, 여성은 퇴근 후 집에 돌아오더라도 스트레스 호르몬이

드라마 〈미생〉의 등장인물 선 차장은 직장에서 다니면서도, 가사와 양육을 도맡는 한국 사회 워킹맘의 전형이다. "세상이 아무리 좋아졌다 해도 육아와 일을 병행하는 건 쉽지 않아. 워킹맘은 늘 죄인이지. 회사에서도 어른들께도 아이들에게도." 선 차장의 이런 대사는 오늘날 워킹맘들이 겪는 정신적 스트레스의 원인을 알려준다.

직장에 있을 때와 유사한 정도의 높은 상태로 유지된다고 한다.[35] 집이 남성에게는 쉼터이지만 여성에게는 일터인 것이다.

따라서 여성은 필요한 일을 모두 수행하기에는 활용 가능한 시간이 부족해 늘 시간빈곤 상태에 빠져 있다. 특히 어린 자녀가 있는 맞벌이 여성은 시간빈곤 수준이 매우 높다.[36] 그야말로 24시간이 모자란 상황인 것이다. 실제로 기혼 남녀 중 자녀가 있는 맞벌이 여성의 시간압박이 가장 심하고, 미취학 아동을 둔 전업주부의 시간압박도 그에 버금간다. 그런데 미취학 자녀나 학령기 자녀가 있는 남성에게는 자녀의 영향이 나타나지 않는다. 남성이 일 때문에 바쁠 수는 있어도 자녀가 있다고 해서 더 시간압박을 받지는 않는다는 의미이다.

시간빈곤의 수준이 높을수록 개인시간이나 수면시간을 줄여야 하므로, 스트레스와 우울이 여성에게서 증가하는 것은 당연하다.[37]

슈퍼맘의 길

한국 사회에서 여성의 사회진출은 꾸준히 증가했고 많은 여성들이 직업을 갖길 원한다. 젊은 여성일수록 결혼 및 출산 후에도 일을 계속하고 싶어 한다. 아이를 낳더라도 아이를 키우는 것만이 여성의 행복은 아니며 직장생활과 양육을 모두 할 수 있고, 해야 한다고 생각한다.

그런데 외국 연구이긴 하지만, 젊은 시절에 가졌던 성역할 태도가 40세가 되었을 때의 우울에 어떠한 영향을 미치는지 살펴본 흥미로운 연구가 있다.[38] 연구자들은 1987년에 22~30세였던 여성들을 대상으로 일과 가정의 병행에 관한 성역할 태도를 측정하고, 이들이 40세가 되었을 즈음인 1998년에서 2006년 사이에 우울 수준을 측정해서 분석했다. 성역할 태도는 '가족에 대한 책임을 충분히 하는 여성은 직업을 가질 시간이 없다' '전업주부로서 가정과 아이를 돌보는 일을 하는 것이 여성에게 더 행복하다' '남편은 일을 하고 아내는 가정을 돌보는 것이 모두에게 훨씬 좋다' 등의 문항에 얼마나 동의하는지 혹은 동의하지 않는지를 묻는 방식으로 측정했다.

물론 사람이 생각대로 살아가는 것은 아니지만, 젊은 시절에 진취적인 태도를 갖고 있던 여성은 결혼 후 아이가 있어도 직업을 갖고 일하고자 노력을 많이 했을 것이다. 실제로 연구 결과에서도 진취적인 성역할 태도를 가졌던 여성이 40세 시점에서 직장을 갖고 있는 경우가 더 많았다.

그런데 의외의 결과는, 직장에서 일하는 워킹맘들 중 젊은 시절 진취적인 성역할 태도를 갖고 있었을수록 40세 시점에 우울 수준이 더 높았다는 사실이다. 왜 여성의 직장생활에 긍정적이었던 이들이 더 우울했던 걸까? 연구자들은 이런 성역할 태도를 갖고 있었던 여성이 직장생활을 하면서 더 많은 어려움을 겪고 역할 간에 긴장을 경험했을 수 있다고 말한다. 직장과 엄마 역할은 양립 가능한 것이며 둘 다 해낼 수 있다는 결심이 직장생활을 유지하게 하는 원동력은 되었지만, 현실에서 일과 가정을 놓고서 갈등 상황을 겪고 그로 인해 힘들어했을 것이라는 이야기다. 아무리 강한 마음을 먹었더라도, 이상과 현실 사이의 괴리가 슈퍼맘의 길을 쉽게 열어주지 않았을 것이다.

그래도 다중역할이 낫다

지금까지의 이야기를 읽고, "그래 차라리 여성은 직업을 갖지 않는 것이 정신건강을 위해 낫겠어!"라고 생각하는 독자가 있을지 모르겠다. 그러나 다중역할의 부정적 영향은 남성과 여성을 비교할 때 그렇다는 것이다. 여성 내부에 초점을 맞추면 일반적으로 다중역할은 긍정적이다. 많은 여성들이 경제활동을 하는, 이른바 선진국일수록 그렇다. 워킹맘이 전업주부인 엄마에 비해 오히려 정신건강의 수준이 높다.[39] 많은 여성들이 일하길 원하는 현대사회에서는 일과 가정의 양립이 여성의 정신건강에 부담만 주는 것이 아니라 혜택이 될 수 있는 것이다.

다중역할은 여성에게 여러 가지 긍정적 혜택을 제공할 수 있다. 이른바 '독박육아'보다는 일을 하는 것이 여성에게 그 자체로 숨 쉴 공간을 줄 수 있다. 뿐만 아니라 직장에서 동료와 친교를 나누고 정보와 도움을 교환함으로써 정신건강에 도움이 된다. 일과 사회생활은 육아와 양육으로 인한 스트레스를 잠시나마 잊게 해준다. 또한 거창한 직업이 아닐지라도 돈을 번다는 것 그 자체만으로도 일은 여성에게 경제적 힘(자원)을 준다. 자존감에 긍정적이며 사회적 인정의 길도 열어준다. 가사노동과 돌봄의 가치가 제대로 인정받지 못하는 사회에서 특히 직업을 갖는다는 것은 여성의 자존감에 큰 영향을 미친다.

이와 관련된 흥미로운 연구가 있다. 아이가 있는 여성들을 대상으로 첫 출산 후 40세가 되었을 때 정신건강을 비교했다.[40] 이 연구는 여성을 네 집단으로 나누었는데, ①첫 출산 후 12년간 계속 전일제로 일한 여성 ②출산 후 파트타임 노동을 한 여성 ③반복적으로 실업을 경험한 여성 ④출산 후 계속 전업주부인 여성이었다.

이 네 집단 중 누가 가장 정신건강의 수준이 높았을까? 첫 출산 후 지속적으로 전일제로 일한 여성이 가장 정신건강의 수준이 높았으며, 그 다음이 시간제 노동을 한 여성이었다. 세번째가 내내 전업주부였던 여성이었다. 전업주부는 반복된 실업을 경험한 여성들에 비해서는 정신건강의 수준이 높았지만 시간제로 일한 여성들보다는 낮았다. 예상하다시피 첫 출산 후 반복된 실업을 경험한 여성이 정신건강이 가장 낮았다.

주목해야 할 결과는 출산 후에도 지속적으로 전일제로 일한 여성이 정신건강 수준이 가장 높았다는 점이다. 전업주부의 역할만 갖는 것보다는 엄마와 직장인의 역할을 모두 갖는 것이 정신건강에 좋다는 증거다.

다중역할의 긍정적 효과는 한국이라고 다르지 않다. 2016년도 여성·가족 패널 자료를 분석해 19~64세의 여성이 맡은 역할의 수와 우울 간의 관계를 살펴본 연구가 있다.[41] 이 연구는 여성이 맡은 역할의 수가 증가할수록 우울 수준이 낮아진다는 것을 보여주었다. 어떤 역할을 갖고 있는지에 따라 구분하여 살펴보면, 배우자·엄마·가사노동자의 역할만 가진 여성과 여기에 더하여 직업을 갖고 일하는 여성 간에는 우울 수준에 큰 차이가 없었다. 적어도 직장인 역할이 더해진다고 더 우울해지지는 않는다는 의미이다. 그런데 이 연구는 여러 연령층을 포함했다는 사실을 고려해야 한다. 세대에 따라서 영향의 차이가 있을 수 있기 때문이다.

오히려 비슷한 연령집단 내 여성, 특히 어린 아이가 있는 젊은 여성들을 비교해보면 다중역할이 가진 긍정적 효과가 좀 더 명확하다. 한국에서 유아기 자녀를 둔 워킹맘과 취업하지 않은 엄마를 비교한 연구는 직장이 있는 엄마의 양육 스트레스가 더 낮다는 것을 보여주었다.[42] 이러한 결과는 다른 조사에도 일관되게 나타난다. 영아를 둔 여성을 비교한 연구는 워킹맘이 전업주부로 있는 엄마보다 자기효능감•과 자기존중감은 높았고 우울과 양육 스트레스는 낮다는 것을 보여주었다.[43] 여성들끼리 비교하면 배우자·엄마·직장인 등의 역할을 동시에 갖는 것이 오히려 정신건강에 긍정적이라는 사실을 보여준다.

이야기를 정리해보자. 다중역할은 여성의 정신건강에 긍정적일 수 있다. 그러나 문제는 다중역할을 가진 여성이 남성에 비해 스트레스와 우울, 즉 정신적인 고통의 수준이 훨씬 높다는 것이다. 이것이 과연 정당한가? 왜 주로 여성이 일/가정 양립 때문에 고통받아야 하는가?

한국 사회에서 일하고자 하는 여성은 더욱 늘어날 것이다. 더 많은 여성들이 사회적 인정과 자아실현을 추구할 것이다. 이러한 가치관을 가진 여성들에게는 직장인·노동자로서의 역할을 갖는다는 것이 더 중요해진다. 그러므로 앞으로 관건은 더더욱 일/가정 양립의 질이다. 다중역할이 여성에게 고된 저글링이 되지 않도록 해야 한다. 아무리 상대적으로 다중역할이 낫다고 하더라도, 현재 아이를 둔 여성들이 겪는 고된 저글링은 소진과 우울을 불러올 뿐이다.

• 자기효능감이란 자신이 하려고 하는, 해야 하는 일을 할 수 있다는 신념을 말한다. 일종의 자신에 대한 믿음으로, 정신건강에 긴밀하게 연관돼 있다.

4

좋은 엄마 되기: 불가능한 임무

너무나 소중한 내 아이

"넌 뭐가 그렇게 힘들다고 그러니? 나 때는 애를 둘, 셋씩 키웠다." 아이 한 명을 키우는 엄마들이 윗세대 어른으로부터 들어봤을 법한 이야기다. 요즘 젊은 엄마들이 많아야 아이 두 명을 키우는 데도 힘들어하는 걸 어른들은 이해할 수 없다고 한다. 그런데 현재의 할머니 세대인 60~70대가 아이를 키우던 시절보다 지금 30대가 아이 키우기가 실제로 더 힘들다. 조금 엉뚱하게 들릴 수도 있겠지만 아이가 점점 더 소중해지고 있기 때문이다.

역사학자 필립 아리에스Philippe Ariès는 아동이 처음부터 존재했던 것이 아니라 '발견'되었다고 말한다.[44] 근대 이전에는 아동과 어른의 구분이 없었고, 아동이 어른과 다르다는 생각은 16세기 말에나 시작된 것이라고 한다. 중세시대로까지 거슬러 올라가지 않더라도 19세기 말까지도 서구에서 아동노동은 매우 일반적이었다. 이는 아동이 보호받고 사랑받는 존재이어야 한다는 인식이 사실 오래된 것이 아님을 말해준다.

일반적인 '아동'만이 아니라 '자녀'에 대한 생각도 변했다. 농경 중심의 사회에서 자녀는 노동력, 즉 재산이었다. 그러나 산업화 이후에 노동에서 놓여난 자녀는 정서적 만족과 애착의 대상으로 바뀌었고 이러한 특성은 핵가족화가 빠르게 진행되면서 점점 더 강화되었다. 자녀는 더 이상 노동력으로서 집안에 보탬이 되는 존재가 아니라 사랑과 애정의 대상으로 기쁨과 보람을 주는 대상이 되었다.

여기에 우리나라에서도 영아사망률의 감소, 피임기구의 도입, 가족계획 등의 요인이 함께 영향을 미쳐 과거처럼 자녀를 많이 낳지 않게 되었는데, 자녀수가 감소할수록 자녀 한 명 한 명에 대한 집중도는 높아진다. 그야말로 '하나뿐인 내 아이'가 되는 것이다. 여기에 첨가되는 우리나라의 가족주의 한 스푼, 아이에 대한 애착을 더욱 강화한다.

이제 예전처럼 '아이는 낳아놓으면 알아서 큰다'는 식의 양육은 있을 수 없다. 하나뿐인 내 자식은 너무나도 사랑스럽고 보듬어주어야 하는 존재이자 최선을 다해 뒷바라지해줘야 하는 대상이다. 아이가 소중한 만큼 사랑과 돌봄의 제공자로서의 부모 역할, 특히 엄마와의 상호작용과 엄마의 애정과 돌봄이 중요해진다. 그것이 엄마의 책임이며, 자녀를 사랑하지 않는 엄마는 진정한 엄마가 아닌 이상한 엄마다. 엄마들은 최선을 다해 '좋은 엄마'가 되어야 한다.

좋은 엄마의 자격

생활을 유지하기 위해서 (엄마 아빠가) 같이 벌어야 되니까, 그러면서 애들이 너무 불쌍한 거 같아요. 엄마 아빠 손에서 제대로 그렇게 안 되는 것? 제가 보니까 엄마가 키우는 게 제일 좋더라고요. 정신적인 면에서 가장 뭐라 그럴까? 되게. (아는 언니의 아기는) 어려서부터 어린이집만 다니고 그래서 아기가 웃지 않아요. 다 알고 있어요. 엄마가 약간 우울증이 있는데 애가 엄마나 가족 손에서 자란 게 아니라 자기가 되게 어린이집에서 그런 데서 눈치를 봐서 그런지 아기가 웃지를 않아요. 저희는 원인을 알죠. 아 쟤가 가족들 속에서 자라지 못해서 웃지를 못 하는 거구나. 약간 그런 얘기를 하죠. 애기한테는 되게 미안한 건데.

아이를 갖지 않기로 한 사람들을 대상으로 진행했던 조사에서 만난 한 여성이 했던 말이다.[45] 저출산의 원인을 탐구하기 위해 진행한 연구였는데, 이 여성은 자신이 경제활동 때문에 아이 곁에 있어줄 수 없어서 아예 낳지 않기로 했단다. 엄마의 역할과 책임을 어떻게 인식하고 있는지를 보여주는 대목이다. 좋은 엄마의 첫번째 조건은 무엇보다도 사랑과 애정이며, 아이 곁에 같이 있어줘야 하는 것이다.

그런데 사실 사랑과 애정의 담지자로서의 엄마는 그리 오래된 개념이 아니다. 애정의 원천으로서 어머니를 강조하는 시각이 어떻게 확산되었는지는 20세기에 발전한 아동발달론을 빼놓고서는 이해할 수 없다.

> 신체적인 건강을 위해 비타민과 단백질이 중요하듯 정신건강을 위해서 어머니의 사랑이 중요하다.[46]

> 어린아이에게 오랫동안 어머니의 보호를 박탈하면 아이의 성격에 심각하고 막대한 영향을 끼칠지도 모르며, 아이의 미래의 삶 전체에도 영향을 미칠 수 있다. 이는 태어나기 전에 걸린 풍진의 나쁜 잔존효과 또는 유아기 때 비타민D 결핍으로 생기는 영향과 형태상 아주 비슷한 경우다.[47]

20세기 중반 아동발달이론에 큰 족적을 남긴 영국의 심리학자이자 정신분석학자인 존 볼비John Bowlby는 이와 같이 아동발달을 위한 핵심적인 요소로 어머니의 사랑을 강조했다. 그는 사랑, 특히 어머니에 대한 애착을 경험하지 못한 아이들은 불안과 두려움, 버림받은 느낌 등을 갖게 되고 자존감이 낮아지며 궁극적으로는 품행장애나 정신장애 등을 갖게 될 확률이 높다고 주장했다. 존 볼비의 이러한 주장은 학문적·사회적으로 매우 큰 파장을 일으켰다. 애착체계가 세 살 무렵 형성되어 평생을 간다는 그의 주장[48]은 지금도 많은 사람들이 받아들이고 있다.

물론 모성애에 대한 강조가 20세기에 갑자기 시작된 것은 아니다. 서구에서는 18세기부터 점차 모성을 강조하는 담론이 발전되기 시작했고, 우리나라에도 조선시대에 유교적 전통에서 자식과 남편을 위해 헌신하는 어머니의 모습이 강조되었다는 게 잘 알려져 있다. 그러나 현대에 아이의 정서발달에 미치는 어머니의 사랑에 대한 사회적 관심이 확산된 데는 존 볼비의 애착이론이 큰 영향을 미쳤다고 할 수 있다.

현재의 의미와 같은 어머니의 사랑이 보편적이지 않던 시대에 아이를 어머니의 애착으로 키워야 한다는 시각은 일종의 전환이었지만, 결과적으로 여성의 역할을 어머니로 더욱 고착시켰다. 어머니가 없는 경우, 즉 '모성박탈'이 아이에게 많은 문제를 일으킨다면 해결책이 무엇이겠는가? 여성이 어머니로서의 역할에 전념해야 한다는 생각이 강화되기 시작했다.

"그래도 엄마가 키우는 게 낫다"라는 말을 흔히 듣는다. 엄마의 책임과 역할을 강조하는 것에 대해 오래전부터 학문적·사회적 비판이 있었음에도 여전히 이 믿음은 공고하다. 여기서 여성의 정신건강과 관련하여 생각해봐야 할 문제는 아이 양육에 대한 책임이 여성에게 집중되고 어머니의 애정과 사랑을 강조할수록 여성의 정신적 부담이 커진다는 점이다.

물론 양육이 부담이나 짐이 되는 것만은 아니다. 양육은 정서적 만족과 보람을 주고 양육을 통해 사람은 한 단계 성장함을 느끼기도 한다.[49] 앞에서 '관계'의 양면적 성격을 살펴보았듯이, 아이 키우기를 부정적으로만 바라보는 것도 인간의 삶을 단편적으로만 이해하는 일이다. 양육을 통해 가족간의 유대는 높아지고 아이가 있으면 행복함을 느끼기도 한다.

그러나 자녀에 대한 사랑과 애정이 미치는 영향은 복합적이고 양가적이다. 충분한 사랑을 주고자 최선을 다해 노력할수록 양육 스트레스는 높이 올라가고, 엄마 노릇에 대한 긴장은 커진다. 자녀가 주는 정서적 만족이 높다고 생각하는 여성이 우울도 높다는 결과는 역설적이다.[50] 문제는 자녀를 키우는 일이 행복을 줄 수 있지만 동시에 육체적·정신적으로 힘든 것도 사실인데 사회는 이런 현실을 곧잘 무시한다는 것이다. 그 과정에서 '당연'한 것을 당연하게 '잘' 하지 못하는 엄마들은 우울에 빠진다.

한 연구에서, 자녀와의 관계에 얼마나 신경을 쓰고 노력을 하는지, 아이를 위해 일을 그만두거나 일하는 시간을 줄였는지, 얼마나 정서적 지지를 위해 시간을 보내는지를 측정한 후 살펴보았더니 아이를 위해 시간을 많이 보낼수록 우울과 부정적 정서상태도 증가했다.[51] 양육에 대한 지나친 부담과 강박이 스트레스를 높이고 행복감을 낮추는 것이다.[52] 게다가 '그래도 엄마가 제일 낫다'는 생각은 여성 스스로 주변에 도움을 청하지 못하게 한다. 그래도 '엄마인 내가 하는 게 아이에게 제일 좋아'라고 생각하는 여성일수록 다른 사람에게 도와달라고 하기보다는 다른 걸 포기해서라도 자신이 다 해내려고 한다. '내가 할 수 있어, 그래도 내가 해야 해'라는 생각으로 아등바등 노력하다보면 결국 끝에선 번아웃에 이르기도 한다.

양육은 힘들다. 그러나 그것이 엄마의 당연한 일로 여겨질수록, 그렇게 생각하는 엄마일수록 힘들다는 걸 말하지 못한다. 힘들다고 생각하고, 때로는 아이가 미워도 그렇게 느끼는 것 자체가 엄마에게 죄책감을 낳는다. '난 정말 아이를 사랑하는 걸까?' '난 좋은 엄마인가?' 끊임없이 질문하는 엄마의 내면은 남 모르게 썩어들어갈 뿐이다.

사랑만으로는 부족하다: 전문가 엄마의 시대

엄마의 무의식이 아이를 키운다
엄마가 아이의 자존감을 키운다
엄마표 영어
엄마의 똑똑한 육아법
아이를 혼내기 전 읽어야 할 엄마의 대화법
엄마표 실험왕
엄마표 언어 자극
엄마표 수학놀이
엄마의 언어 자극
엄마의 자존감 공부
엄마의 사랑법
…

온라인 서점에서 '엄마'라는 키워드로 도서를 찾아보면 쉽게 볼 수 있는 유형의 제목들이다. 이런 류 제목의 책들이 전달하는 메시지는 무엇일까? 엄마는 아이의 발달과 관련된 모든 것을 알고, 할 수 있어야 한다는 것이다.

모성을 사랑과 희생의 마르지 않는 샘으로 바라보는 관점은 과거에도 있었다. 그러나 오늘날의 좋은 엄마는 사랑·희생·애정만으로도 부족하다. 아이의 발달 및 성취를 위한 전문가가 되어야 한다. 아이가 잘 크고 있는지, 잘 크려면 무엇이 필요하고 어떻게 해야 하는지를 알고 실천할 수 있어야 한다. 스스로 전문가가 되지 못한다면 전문가의 가이드라도 받아야 한다(교육·발달·심리 상담!). 만약 그렇게 하지 않는다면 아이를 방치하는 거나 마찬가지가 된다.

'어떤 엄마가 좋은 엄마'인가라는 바람직한 엄마에 대한 이상적인 이미지는 모성母性 이데올로기를 형성하게 된다. 이는 모성을 여성의 본질이라고 보고, 여성에게 엄마로서 해야 하는 행동이나 규범을 강조함으로써 여성의 삶을 제한하는 결과를 가져온다.

현대사회에서 좋은 엄마는 '집중적 엄마노릇intensive mothering'을 해야 한다고 여겨진다.[53] 평범하게 일상적인 수준에서 양육을 하는 게 아니라, 아이에게 '완벽한' 엄마가 되어야 한다는 것이다.[54] 그리고 '완벽한' 엄마란 사랑으로 아이를 대하는 것만이 아니라 전문적인 지식도 갖춰서 양육하는 엄마다.

집중적 엄마노릇은 몇 가지 특성을 갖고 있는데, ①자녀를 항상 우선시하고 ②전문가의 가이드를 받고 ③감정적으로 몰입하고 ④노동집약적이면서 ⑤비용이 많이 든다. 이제 좋은 엄마는 아이를 우선하고 사랑하는 것만으로는 될 수 없다. 아이의 신체·정서 발달에 대한 이론을 전문가 수준으로 알아야 하며, 아이의 감정과 정서도 미리 눈치 채는 섬세함이 필요하다. 아이 마음을 읽고 미리 공감을 해주는 엄마가 훌륭한 엄마다. 이 얼마나 어려운 일인가. 이런 상황에서 엄마노릇하는 게 보람과 즐거움으로만 채워지기는 불가능하다.

엄마의 정신적·신체적 에너지를 짜내서 하는 양육은 모성 이데올로기를 마음으로 받아들일수록 여성을 궁지로 내몬다. 아이의 적성에 맞는 것이 무엇인지 찾아주어야 하는 책임감, 육아로 인해 짜증을 느끼는 일 자체에 대한 미안함, 다른 엄마들과의 비교로 인한 열등감, 좋은 엄마가 되고 싶은데 마음대로 실천이 안 될 때 느끼는 무기력감 등 복합적인 감정으로 자책하게 한다.[55] 직장을 다니는 엄마들은 자녀에게 죄책감을 느끼고, 직장을 다니지 않고 양육을 전담하는 엄마들은 힘들어하는 자신의 모습 자체에 죄책감을 느낀다. 완벽해야 한다는 압박을 경험한 여성들, 기대되는 엄마노릇에 부응하지 못한다고 생각하는 여성들은 낮은 자기효능감과 높은 스트레스, 불안을 겪는다.[56]

많은 엄마들이 자식에 대해 지나치게 집착하며, 자식 문제에 예민하고 감정적으로 대응한다는 비난을 듣는다. 인터넷에서는 '요즘 엄마들'로 시작해 '너무 극성스럽다'로 끝나는 숱한 비난의 글들을 찾아볼 수 있다. 엄마들이 혹시 아이가 아픈지, 친구와 싸웠는지, 학교에서 선생님께 야단을 맞진 않았는지 시시콜콜 걱정하며 때로는 과도하게 잔소리를 한다는 것이다. 실생활에서 자녀의 행동에 대해 화를 내고 잔소리를 하는 엄마에게 아빠는 너무 그러지 말라며 아이를 두둔하는 경우를 볼 수 있다. 그런데 자녀를 지나치게 통제하며 잔소리하는 것은 여성의 타고난 특성인가, 아니면 누구보다 아이와 시간을 많이 보내며 아이의 성장과 발달, 훈육 및 성적까지 책임져야 하기 때문인가.

일반적으로 애착이란 감정은 함께 보낸 시간과 비례하기 마련이다. 아빠들이 자녀에 대해 애착이 없지는 않겠지만 엄마보다 너그러울 수 있는 이유는 긴 시간을 함께 보내지(시달리지) 않고 양육을 책임지지 않기 때문이다. 밤늦게 퇴근 후 잠들어 있는 아이를 보면 그저 안쓰럽고 귀여울 뿐인 아버지는 아이와 엄마의 신경전 맥락을 자세히 모르고 관대하기 쉽다. 남성과 여성의 역할이 바뀌어 남성이 주 양육자인 상황이라면 아빠의 감정도 엄마의 감정과 그 모양새가 크게 다르지 않을 것이다.

시대가 바뀌고 양육에 참여하는 아빠, 친구 같은 아빠가 좋은 아버지상이 되었고 '딸바보'라는 표현도 생겨났다. 여전히 가부장적 아버지가 많지만, 젊은 세대에서는 자녀의 양육에 적극적으로 참여하고 감정을 나누는 아빠들도 증가하고 있다. 남성에게 아버지로서 애정표현이 더 늘어나고 자유로워진 것은 '아빠라는 역할'에 대한 가치관이 변화해서이지 남성의 심리구조 자체가 변화했기 때문은 아닐 것이다. 그만큼 인간은 사회적 규범과 가치관의 영향을 받는다는 건데, 사회가 실현이 불가능한 '좋은' 엄마나 '완벽한' 엄마의 모습을 강조하는 상황에서 엄마로서의 여성이 어찌 행복할 수 있겠는가.

예전에 어떤 미국인에게 들은 이야기가 기억에 남는다. 그는 이미 손자, 손녀를 둔 할아버지였는데 부모였을 때보다 할아버지가 된 지금이 더 좋다며 이렇게 말했다. "아이들에 대해 책임은 질 필요가 없고 즐기기만 하면 되거든요."

여러 가지 이름, 한 가지 목표

매니저 엄마, 헬리콥터 엄마, 코칭 엄마, 돼지 엄마…. 요즘 엄마들에겐 여러 수식어가 붙는다. 각각의 이름에는 다소 차이가 있지만 그 모두에 공통적으로 깔려 있는 생각이 있다. 엄마가 자녀의 성공.학습 관리를 책임지는 존재라는 것이다.

우리나라의 경우 1990년대로 넘어오면서 자녀에 대한 교육투자가 이전보다 더 중요해졌는데, 이는 서구에서 시작된 개인화의 물결과 무관하지 않다. 과거에는 아이를 키우는 것이 온 마을, 혹은 가족 공동체의 공동 책임이었다면 이제는 부모 개인의 책임이 되었다. 아이의 성공과 실패는 부모에게 달린 문제였고(이른바 '자식농사'), 결국 부모가 된다는 것은 점점 더 많은 책임을 감당하는 일이 되었다.[57]

게다가 교육경쟁이 극심한 우리나라에서는 자녀가 좋은 대학에 가는 것이 무엇보다 중요했고, 자식을 좋은 대학에 보낸 엄마가 곧 '성공한 엄마'로 인정받았다. '아이가 좋은 대학에 가려면 할아버지의 재력, 엄마의 정보력, 아빠의 무관심이 필요하다'는 우스개처럼, 갈수록 강화되는 경쟁과 복잡해진 입시 속에서 엄마는 전문지식과 정보력을 갖추고 자녀교육을 이끌어야 하는 존재가 되었으니, 자녀를 충분히 이끌지 못하거나 뒷바라지를 못하는 경우 죄책감을 느끼는 것은 당연하다.[58] 자녀의 성적에 따라 엄마들 모임에서 미묘한 위계가 생기고 자녀의 성적이 엄마의 자존감을 결정한다. 한 연구는 우리나라에서 자녀의 성적이 오를 때 부모의 행복도 증가한다는 사실, 즉 성적이 좋은 자녀를 둔 부모는 그렇지 않은 부모보다 행복수준이 높은 편이라는 사실을 보여주었다.[59] 자녀의 성적에 웃고 우는 판이다.

중산층 엄마는 자녀의 성적뿐 아니라 시간·교육·교우관계를 관리해야 하고 자녀가 명문대에 가지 못하면 '패배의식'을 느낀다.[60] 학업을 충분히 지원하지 못하는 엄마들은 사교육에 반대하더라도 불안감을 느낀다. 무엇보다 이상적 엄마의 모습에 따라가려고 할 때 우울해지고, 다른 엄마와의 비교를 통해 좌절감이 커진다. 취업한 어머니는 자녀의 교육경쟁에서 뒤떨어진 열등한 어머니로 규정된다.[61]

아버지는 어떨까? 요즘에는 자녀교육에 적극적인 아버지도 많다. 그럼에도 자녀입시의 주요 책임자는 여전히 어머니다. 여전히 보통의 아버지는 자녀 성적과 거리두기를 할 수 있고 상대적으로 자유롭다. 아버지는 쓱데없이 참견해 방해만 될 수 있기에 우스개에서도 '아빠의 무관심'이 필요하다고 하지 않던가.

해야 할 일, 알아야 할 것이 너무 많고 그것을 하지 못하는 엄마는 부족한 엄마가 된다. 아이가 어렸을 때는 최선을 다해 애정을 주었고 올바른 양육을 위해 정보를 모으고 공부를 한다. 아이에 몰입할수록 아이에 대한 애정과 기대는 커진다. 그런데 자녀가 독립해야 할 시기가 되어 있을 때 남는 건 섭섭함과 허탈감이다. 자녀는 성장할수록 엄마에게서 독립을 해나가는데 엄마는 거꾸로 자녀가 성장할수록 애정과 기대와 더불어 섭섭함이 커진다. 결국 그 모든 과정이 끝났을 때 자신의 진짜 이름은 남아 있지 않다.

5

평생 끝나지 않는 노동:
여성에게는 은퇴가 없다

'신모계사회'는 여성의 노동을 먹고 자란다

육아나 가사노동 등으로 가정을 유지함에 있어 '시가'보다는 '처가'의 역할이 더 중요해지는 '모계사회'가 다시 돌아오고 있다. 맞벌이 부부가 증가하며 집안일에 도움을 받는 과정에서 처가에 의존하는 빈도가 더욱 늘어나고 있다는 분석이다.(『한국일보』, 「시가보다 처가에 의존하는 '신모계사회'」, 2018년 7월 31일)

여성이 남성에게 시집가는 이 풍습은 필연적으로 남성 우월주의를 잉태할 수밖에 없다. 그러나 이제 이 관행도 종착역에 도착한 것과 마찬가지. 남녀평등과 여권신장에 힘입어 이제는 모든 가정생활이 남편과

아들 중심에서 아내나 딸 위주로 바뀐 신(新)모계사회가 정착됐기 때문이다. 시어머니와 며느리 사이의 갈등은 칠팔할 이상 시어머니의 완패로 끝났고, 되레 장모와 사위의 미묘한 신경전인 장서 갈등이 등장할 정도 아닌가 말이다.(『국민일보』, 「신모계사회」, 2014년 4월 25일)

'신모계사회'의 의미를 여성 중심으로 가족이 뭉치고 교류한다는 뜻으로 본다면 신모계사회가 도래했나고 말하는 것이 과장만은 아닐 것이다. 실제로 육아와 가사노동을 친정부모에게 맡기면서 예전에 비해서 남성 배우자의 가족(시가)보다는 여성 배우자의 가족(친정)과 더 친밀한 관계를 갖는 경우가 많다. 그러나 신모계사회의 등장을 남녀평등과 여권신장이라는 이름으로 덮어버리기에는 뭔가 찜찜하다. 신모계사회 가족이 여성의 가사·돌봄 노동을 기반으로 유지된다는 점에서는 사실상 이전의 '부계사회' 가족과 다르지 않기 때문이다. 딸과 사위 가족을 위해 노동하는 것은 아버지가 아니라 어머니다.

게다가 평균수명의 증가는 여성의 가사·돌봄 노동 기간을 증가시키고 있다. 직장생활에는 은퇴가 있지만, 가정생활에는 은퇴가 없다. 남성은 일터에서 은퇴하면서 노동자·생계부양자로서의 역할을 그만두지만, 그렇다고 가사노동을 나누어 하지는 않는다.

배우자의 은퇴 후 늘어난 가사노동에 더하여, 곧이어 손자녀 양육이 맡겨진다. 그리고 손자녀 양육이 끝날 쯤에는 남편이 아프기 시작한다. 배우자 돌봄이 또 시작되는 것이다. 남성이 여성보다 평균수명은 짧은데 보통 남성 배우자의 나이는 더 많기 때문에 일반적으로 먼저 아프고 먼저 사망한다.

손자녀가 성장하고 배우자가 사망한 후, 여성은 남은 노년기를 즐기기에는 신체건강도 정신건강도 약해진 자신을 만나게 된다. 여성 노인이 아프기 시작하면 누가 돌볼까? 외부 간병서비스를 쓴다 해도 또다른 여성 가족인 딸이나 며느리가 돌봄의 책임을 이어 맡는다. 가족의 생성과 죽음, 이 모든 과정에는 여성의 끝나지 않는 노동이 있다.

가족 돌봄의 이유: 남성에게는 있지만 여성에게는 없는 것

2012년 KBS 〈인간극장〉 중 '그대를 사랑합니다' 편이 화제가 된 적이 있다. 70세의 치매 아내를 돌보는 73세의 남편이 이 방송의 주인공이다. 할아버지는 젊은 날 자신이 사업을 하다 여러 번 실패를 한 것 때문에 아내가 스트레스를 많이 받아 그렇게 됐다는 생각에 괴로워하며 57세의 이른 나이에 치매가 온 아내를 13년 동안 지극정성으로 보살피고 있었다. 이제는 사람도 잘 알아보지 못하는 아내를 항상 미소로 대하면서 식사·병간호·목욕·대소변까지 챙기는 남편의 모습은 많은 이들에게 감동을 주었다.

그런데 이 프로그램이 화제를 불러일으켰던 것은 할머니를 돌보는 할아버지의 모습이 아름다웠던 이유도 있지만 사람들의 상식과 예상을 깨는 관계의 역전을 보여줬기 때문이기도 할 것이다. 여성노인을 돌보는 남성노인은 보기 힘들고 그 정도로 애정 어린 돌봄은 더욱 보기 힘들어 감동은 두 배가 된다. 물론 우리나라에서도 자녀와 동거하지 않고 부부끼리만 사는 가구가 증가하고 있어 남성노인이 배우자를 돌보는 경우도 증가할 것으로 보인다. 하지만 여전히 배우자 돌봄의 주체는 여성이다.

여성노인도 배우자를 돌보는 걸 '자신의 몫'으로 인식한다. 한국여성정책연구원의 보고에 따르면 거동이 불편하거나 아픈 배우자를 돌보는 여성노인 중 약 66%가 "배우자를 돌보는 일은 내가 해야 할 도리라고 생각한다"고 응답했고, 배우자를 돌보는 주된 이유 중의 하나로 "자식에게 피해가 가지 않게 하려고"(48.7%)를 선택했다.[62]

반면에 남성노인이 배우자를 돌보는 일은 여성보다 적을 뿐 아니라 여성과는 다른 맥락에서 그렇게 한다. 돌봄의 동기가 성별에 따라 다르다는 것이다. 배우자를 돌보는 노인들을 대상으로 조사한 결과에 따르면 남성노인의 경우는 사랑·보답·미안함 등의 감정이 동기가 되어 배우자를 돌보는 경우가 많지만, 여성노인의 경우는 사랑 등의 감정도 물론 있지만, 의무감과 다른 선택지가 없다는 것이 이유인 경우가 많았다.[63] 여성은 아픈 배우자를 돌보는 일을 자신이 해야 할 역할로 받아들이기에 다른 선택의 여지를 생각하지 않는 것이다. 반면 남성은 그렇지 않다. 돌봄은 남성의 일이 아니고 경험도 없다. 그렇기 때문에 남성은 배우자를 잘 돌볼 자신이 없고, 스스로도 난감한 마음을 더 느낄 수 있으며 이에 따라 자녀나 타인에게 미룰 수 있다.

물론 이런 선택을 모든 남성노인이 할 수 있는 건 아니다. 역시 경제적인 상황, 대안의 가능성 등에 따라 영향을 받는다. 그럼에도 남성과 여성에게는 배우자 돌봄의 의무가 차등적으로 지워진다. 남성에게는 배우자 돌봄에 대한 선택권이 있지만 여성에게는 그만큼의 선택권이 주어지지 않는다.

더욱이 여성들은 본인이 아플 경우 남편이 주로 자신을 돌봐줄 것이라는 기대와 요구 자체를 하지 않는다. 하지만 남성들은 당연히 배우자가 돌봐줄 것을 기대하고 요구한다. 배우자를 돌보는 여성의 75% 이상이 외부 지원서비스를 전혀 이용하지 않았는데, 그 이유로 '비용 부담'을 꼽은 여성이 제일 많았고 그 다음이 '배우자가 원하지 않아서'였다.[64] 반면 남성은 타인이 아닌 배우자가 돌봐주길 기대하고 요구하며 그것이 당연하다고 생각한다.

뿐만 아니라 남성노인이 배우자를 돌보는 경우에는 여성노인의 경우보다 가족이나 주변 사람들로부터 물심양면으로 도움을 더 많이 받는다.[65] 어머니가 아픈 아버지를 돌볼 때는 자식들도 안심하고 맡겨놓을 것이다. 하지만 반대로 아버지가 아픈 어머니를 돌볼 때는 오히려 힘드시지 않을지, 잘하고 계실지 걱정이 되어 수시로 들여다볼 것이다. 아이러니하게도 여성노인이 배우자를 돌보는 건 당연하고 익숙한 일이기 때문에, 여성은 주로 자신이 대부분의 일을 감당해야 한다.

손자녀 돌봄의 경우도 마찬가지다. 여성은 손자녀 돌봄을 거부하기가 어렵다. 거부하는 순간 '비정한 엄마'가 되기 때문이다. 손자녀

아이에 부모까지 '이중 돌봄' 매인 여성 "나를 돌볼 새가 없다"

노인돌봄 누구의 몫인가

❶가족 돌봄, 고행의 시작

돌봄 전담, 50대 이상 77.8%
"장남이라고 부양 맡기거나 올케에게 미루고 싶지 않아 사이 나빠질까봐 요구 안 해"

외동 자녀, 재정·정신적 부담
"간병인 비용 엄두 안 나 사직 6개월간 정신 망가지는 경험"
정부 요양보호사 제도 허점
"거동 아예 못하는 사람 위주"

이상하게도, 혹은 당연하게도, 아이든 노인이든 병자든 가족 내의 누군가를 돌보는 일은 여성의 의무로 주어진다. 과거에도 지금에도 가족은 여성의 희생을 통해 유지·존속되고 있다.(경향신문, 2019년 11월 26일)

돌봄을 거부한 여성 7인을 대상으로 심층면접을 진행한 연구는 손자녀 양육에 대한 부담, 가족갈등에 대한 걱정 등으로 양육을 거부했지만 자녀의 섭섭함과 원망을 경험하고 스스로도 엄마로서의 미안함과 죄책감을 느꼈다는 것을 보여주었다.[66] 거부해도 엄마라는 이름은 죄책감을 남긴다. 이에 비해 남성노인에게는 단독으로 손자녀 양육을 부탁하는 일 자체가 드물다.(여러분이라면 하시겠는가?) 근래에 손자녀를 돌보는 남성노인이 증가했지만[67] 여전히 여성 배우자 없이 남성 혼자 손자녀를 돌보는 경우는 보편적이지 않다.

물론 노년기 돌봄이 여성의 삶과 정신건강에 부정적이기만 한 것은 아니다. 관계의 영향이 그렇듯이 돌봄이 삶에 미치는 영향은 양면적이다. 돌봄이 정신적 스트레스와 부담을 주는 건 사실이지만, 삶의 의미와 보람을 주기도 하기 때문이다. 손자녀를 돌보는 게 힘들지만 보람, 애착과 즐거움을 느끼게 해준다. 배우자 간병도 어렵고 힘든 일이지만 사망 후에는 자신이 충분히 할 일을 했다는 감정을 느끼기도 한다. 인간은 긴 기간의 돌봄이 필요한 존재이고 그 기간 동안 돌봄제공자가 느끼는 긍정적인 감정을 부정할 수는 없다. 문제는 돌봄 의무가 여성노인에게 당연하다는 듯 부과되고 있다는 사실이다. 아무리 긍정적인 의미를 갖는다 하더라도, 그것이 모든 사람에게 모든 경우에 그렇다는 이야기는 아니며, 노년기 돌봄이 여성의 정신건강과 신체건강에 모두 큰 부담을 초래한다는 건 분명하다.

집 안보다는 집 밖, 배우자보다는 손자녀

모든 돌봄이 부정적이지 않다면 어떤 돌봄이 더 문제일까? 미국의 한 연구는 돌봄제공 경험이 정신건강에 장기적인 영향을 미칠 뿐 아니라 돌봄 대상과 방식에 따라 다른 영향을 미친다는 사실을 보여주었다.[68] 1984년에 47세에서 61세 나이였던 여성들을 대상으로 1984년, 1987년, 1989년의 세 시점에 걸쳐 만성적으로 아프거나 거동이 불편한 사람을 돌보았는지를 물었다. 그리고 1989년부터 2003년까지 정기적으로 응답자들에게 다시 찾아가 우울 수준을 측정했다. 분석결과에 따르면, 몸이 불편한 누군가를 돌보았던 사람들은 돌본 경험이 없는 사람들보다 우울했다. 돌봄이 아무리 의미와 보람 있는 일이라고 하더라도 간병은 사람을 신체적·정신적으로 힘들게 하므로 예상할 수 있는 결과이다. 돌봄 이후 10여 년이 지난 시점에도 우울 수준에 지속적으로 영향을 미쳤으니 정신건강에 미치는 여파는 상당히 오래간다고 할 수 있다.

그런데 누구를 돌보았는지에 따라서 유의미한 차이가 발견되었다. 돌봄제공자의 집단을 5개의 집단, 즉 ①비동거 친척이나 친구를 돌본 집단, ②동거 배우자를 돌본 집단 ③동거 부모를 돌본 집단 ④배우자나 부모 이외의 동거인을 돌본 집단, 그리고 ⑤아무도 돌본 적이 없는 집단으로 구분했다. 아무도 돌본 적이 없는 집단을 제외하면 누가 제일 우울 수준이 낮았을까? ①번 집단을 돌본 사람들이 우울의 수준이 제일 낮았다. 이들은 아무도 돌본 적이 없는 여성들과 비교했을 때도 통계적으로 유의미한 차이가 없었다.

한편 동거하는 가족을 돌본 경우가 우울 수준이 상대적으로 높았으니, 아무리 가족이라도 같이 살면서 항상 돌보는 스트레스가 대단히 크다는 것을 알 수 있다. 퇴근이 없는 돌봄은 우울을 증가시킨다.

우리나라에서도 여성노인의 우울에 돌봄이 어떠한 영향을 미치는가에 대한 다양한 연구가 있었다. 일반적으로 확인된 사실은 아무도 돌보지 않는 여성이 그래도 가장 정신적으로 건강하다는 것이다. 그렇지만 노년기에 돌봄경험이 있는 여성들 간에 비교해보면 손자녀 돌봄이 배우자 돌봄보다는 나았다. 가장 우울 수준이 높고 삶의 질 만족도가 낮은 집단은 배우자를 돌보는 여성이다.[69] 손자녀 돌봄은 즐거움이라도 주지만 배우자 돌봄은 그렇지 않은 것으로 보인다.

60대 여성을 대상으로 한 연구는 손자녀를 돌보는 여성과 돌보지 않은 여성 간에 우울에 차이가 없다는 것을 보여주기도 했다.[70] 그러나 배우자 돌봄의 경우는 손자녀 돌봄이 끝나고 이어서 하는 경우도 많고 이미 여성의 나이가 더 많은 상태여서 그 결과가 더 부정적일 수 있다. 배우자 사망 후 '나는 그래도 할 만큼 했어'라고 스스로를 위로할 수 있을지라도 그 정신적 상흔은 이후까지 계속된다. 한평생 가사노동과 돌봄노동을 이어온 여성이 이제는 쉬어야 할 노년기에 배우자 돌봄까지 해야 한다면, 정신건강이 나빠지지 않는 게 이상한 일일 것이다.

'혼밥'의 의미

이른바 '혼밥', 혼자서 식사하는 일은 정신건강에 부정적일까? 어떤 사람은 혼밥을 싫어해서 혼자서는 절대로 식당에 가지 않고, 반면 혼밥을 개의치 않고 더 편해 하는 사람도 있다. 당연하게도 혼자 먹는 이유나 상황에 따라 혼밥의 의미는 다를 것이다. 누군가를 신경 쓰지 않고 편하게 먹고 싶을 때, 사람관계에 지쳐 개인시간을 갖고 싶을 때, 좋아하는 음식을 대화 없이 즐기고 싶을 때 혼밥은 자유와 즐거움이 될 수 있다. 그렇지만 같이 먹을 사람이 없어서 혼자 먹거나 매일 혼자 먹어야 한다면 혼밥이 정신건강에 좋기는 어렵다. 혼밥은 자유로움과 개인주의의 상징이 될 수도 있지만 외로움과 사회적 고립을 의미할 수도 있다.

특히 청년세대에게는 몰라도 아직까지 우리나라 노인들에게 혼밥이 긍정적인 의미를 갖기는 힘들다. 앞으로 혼밥이 보편적인 일이 된다면 모를까 현재 한국 사회에서 노인에게 혼밥은 외로움과 고립감을 의미한다. 누군가와 함께 식사를 한다는 것은 대화를 겸하는 사회적 상호작용이며, 이런 타인과의 연결은 정서적·심리적 안녕을 높일 수 있다. 노인들에게 혼밥은 그 반대의 의미로 다가온다.

혼밥이 노인의 정신건강에 미치는 영향을 알아보기 위해 연구를 진행해본 적이 있다.[71] 혼밥의 정도는 하루 세 끼 대부분을 누군가와 함께 식사하는 사람, 하루 한 끼를 혼자 먹는 사람, 두 끼 이상 혼자 먹는 사람으로 구분하고, 어떤 경우가 더 우울한지 비교하는 방식으로 했다.

사회경제적 지위와 연령 등 여러 조건을 통제한 상태에서 보았을 때도 혼밥은 노인의 우울 수준을 높였다. 하루 한 끼 정도 혼밥을 하는 노인은 항상 누군가와 같이 먹는 노인과 별 차이가 없었지만 하루

두 끼 이상을 혼자 식사하는 노인은 항상 누군가와 같이 먹는 노인보다 우울 수준이 높았다.

그런데 흥미로운 점은 그 영향이 남성과 여성에게 다르더란 것이다. 남성노인은 혼밥의 빈도에 따라서 우울의 정도가 차이 났지만 여성노인에게는 혼밥이 우울에 영향을 미치지 않았다. 여성노인은 누군가와 함께 식사를 하든, 혼자 먹든, 이에 따라 우울 수준의 차이가 나타나지 않았다. 여성노인은 보통 남성노인보다 우울 수준이 높았는데, 남성노인의 우울은 누군가와 함께 먹는 경우 명확하게 낮아지지만 여성노인은 누군가와 함께 먹더라도 우울했다. 이는 무엇을 의미할까?

남성노인에게 혼밥은 돌봄제공자가 없거나 정서적 지지를 받지 못한다는 걸 의미한다. 삼시 세 끼를 챙겨주는 사람이 없어 혼자 마련해야 하거나 식사하면서 하는 대화할 사람이 없는 상황인 것이다. 물론 여성노인에게도 혼밥은 외로운 시간이다. 그렇지만 삼시 세 끼를 누군가와 함께 먹는다는 것도 여성에게는 긍정적이지 않았다. 여성노인에게 누군가와 함께 먹는다는 건 그만큼의 가사노동과 돌봄노동을 더 해야 한다는 의미일 수 있기 때문이다. 여성노인은 누군가에게 밥을 차려줘야 하기 십상이다. 그런 누군가와의 식사는 여성노인에게는 그리 큰 위로가 되지 못한다.

6

위협받는 여성, 일상이 된 두려움

한국만큼 안전한 나라가 없다? 여성을 향하는 범죄

① 2019년 5월 MBC에브리원 〈어서와 한국은 처음이지?〉의 한 장면. 남아프리카공화국에서 한국을 방문한 세 명의 친구들은 밤에 마음 놓고 걸어 다녀도 된다는 사실에 놀란다. 고향에서는 상상도 할 수 없는 일이라는 밤산책은 친구들을 들뜨게 하고 한국의 놀라운 치안수준에 이민 오고 싶을 정도라는 대화가 오고 간다. 친구들을 초대한 주인공의 말은 한국이 얼마나 안전한지를 말해 준다. "난 집에서 문이랑 창문도 안 잠가, 하도 오래돼서 열쇠가 어디 있는지도 모르는 걸!" 이어서 등장하는 자막, "#밤산책은_처음이라 #안전 #행복 #밤에도_웃어요."

② 2019년 5월 '신림동 원룸' 사건. 한 남성이 귀가하는 여성의 뒤

를 따라가 집에 들어가려 했지만 간발의 차이로 실패하자 문을 열려 시도하고 10여 분간 문 앞에서 서성인다. CCTV에 찍힌 이 장면이 보도되면서 많은 사람들을 경악케 했던 '신림동 원룸' 사건은 3심 모두에서 주거침입죄는 인정되었으나 강간미수는 무죄 판결을 받았다. 판결에 따르면, "강간의 고의로 범행을 저지른 것이 아닌지 강한 의심이 들지만" 의심만으로는 증명이 되지 않는다는 이유였다.[72]

같은 시기 한국의 두 모습이다. 한국은 과연 안전한 나라일까? 범죄율이 높은 중남미 국가나 〈어서와 한국은 처음이지?〉의 에피소드에 등장한 남아프리카공화국과 비교해보면 한국은 안전한 나라가 맞다. 어느 도시에서든 밤에 산책을 하거나 친구를 만나러 나가는 것을 꺼릴 필요가 없고, 여름철 한강변은 산책을 즐기거나 열대야를 피하려는 사람들로 북적인다. 우리가 당연하게 생각하는 이런 일들은 치안의 수준이 높지 않으면 불가능하다. 실제로 지난 몇 년간 우리나라에서 살인과 강도 사건은 계속 감소했다. 대검찰청 「범죄분석 보고서」에 따르면, 2018년 기준 살인은 지난 10년 동안 41.3%나 감소했으며, 강도는 87.3%나 감소했다.

이러한 사실들을 생각하니 〈어서와 한국은 처음이지?〉에서 그려진 한국의 모습이 더더욱 실감나게 다가온다. 밤거리를 마음 놓고 다녀도 강도당할 걱정 없는 나라. 한국만큼 안전한 나라도 없다는 감탄이 절로 나온다. 그런데 〈어서와 한국은 처음이지?〉의 방영과 같은 시기에 발생한 속칭 '신림동 원룸' 사건은 어떻게 봐야 할까? 범죄 없는 나라는 없으니 한번쯤은 있을 수도 있는 일회성의 사건으로 생각하면 될까?

이미 잘 알려져 있지만, 우리나라에서 지난 10년간 강력범죄 중 살인·강도와 달리 계속해 증가한 유형의 범죄가 있으니 그것은 바로 성폭력이다. 2018년 기준, 성폭력 범죄•의 발생건수는 3만2104건(인구 10만 명당 61.9건)이었는데 이는 2009년에 비해 약 1.8배 증가한 것이다. 2018년 발생한 살인이 849건, 강도가 841건이라는 사실을 떠올려보면, 성폭력 범죄의 발생건수가 훨씬 많다는 것을 알 수 있다. 게다가 예상할 수 있듯이 성폭력 범죄의 피해자는 대부분 여성이다. 이 사실을 염두에 두지 않는다면, 왜 이 안전한 나라에서 여성들이 범죄 피해를 입을까 두려워하는지를 이해할 수 없다. 한국만큼 안전한 나라가 없다는 말은 범죄로 인한 여성들의 고통을 도외시하고 여성의 피해를 가려버린다. 안전이 누구에게나 공평한 것은 아니다.

남자가 성폭력 피해를 당한다면?

성폭력 피해자가 우울증, 불안, 자살위험 및 외상후 스트레스장애PTSD를 겪는 경우가 많다는 사실은 잘 알려져 있다. 성폭력 피해는 시간이 지나도 장기간에 걸쳐 피해자를 괴롭히고[73] 특히 아동기와 청

• 형법에서 성폭력은 강간, 강제추행, 강간 등 상해/치상, 카메라등이용촬영, 공중밀집장소추행 등을 포함한다.

소년기에 겪은 성폭력 피해는 삶의 궤도마저 송두리째 바꿔버린다.

20세기 영국의 위대한 작가 버지니아 울프는 오랜 기간 정신질환으로 고통받았고, 결국 자살로 생을 마감했다. 그런데 버지니아 울프의 힘들었던 생애 뒤에는 어린 시절 겪은 성적 학대가 있었다. 버지니아 울프는 일곱 살 때부터 스무 살 넘게 차이 나는 의붓오빠에게 성추행을 당했으며 열네 살 때 처음 정신이상 증세가 나타났다. 커서 당대의 지식인들과 교류하고, 결혼하고, 뛰어난 소설을 써 인정받았지만, 우울증과 정신질환은 그녀를 끊임없이 괴롭혔다. 결국 예순 살이 되던 해, 코트 주머니에 돌을 가득 채운 뒤 강에 투신해 자살한다.

안타깝게도 어린 시절에 성폭력 범죄의 피해자가 되면 그 그림자는 평생에 걸쳐 드리우며, 성인이라도 성폭력은 마음에 큰 생채기와 후유증을 남긴다. 그런데 성폭력 피해를 입은 여성이 정신건강상의 문제를 겪는 이유가 여성이 남성에 비해 심리적으로 취약하기 때문일까? 범죄 피해의 충격을 잘 극복하지 못해서 그런 것일까? 다소 황당하게 들릴 수도 있지만 실제로 이런 질문들이 학술적 연구에도 다뤄지곤 한다.

이 질문에 제대로 답하자면, 성폭력 피해를 당한 남성의 경우와 비교해보면 된다. 남성 피해자의 비율이 매우 낮아(2018년 기준 6%) 간과하기 쉽지만, 남성도 성폭력의 피해자가 될 수 있다. 그리고 성폭력 피해가 주는 정신적 고통에는 남녀간 차이가 없다. 남성 피해자들도 여성 피해자와 마찬가지로 우울과 불안을 겪었으며[74, 75], 오히려 성폭력 피해자 중에서 남성이 여성에 비해 외상후 스트레스장애를

갖는 경우가 더 많다고 보고되기도 했다.[76]

아동·청소년기의 성폭력 피해가 정신건강에 미치는 부정적 영향도 피해자의 성별에 따라 다르지 않다.[77] 성폭력은 누구에게나 끔찍한 범죄다. 다만 다른 점은 여성 피해자가 훨씬 많다는 것. 왜 여성이 남성보다 더 우울증 발병률이 높은가를 살펴본 한 연구는, 성인기 우울증 발병률에서 나타나는 성별 차이의 약 35%가 어린 시절 성폭력 피해의 성별 차이에서 비롯되었다고 추정한 바 있다.[78] 외상후 스트레스장애의 경우도 일반적으로 여성의 유병율이 남성보다 높은데, 이를 설명하는 주요 원인 중의 하나가 아동·청소년기 성폭력 피해다.[79] 한국에서 2019년 기준 13세 미만 피해자의 87.0%가 여성이었고(남성 179명/여성 1196명), 13~20세 사이 피해자의 경우는 93.7%였다(남성 447명/여성 6650명).

여성이 남성보다 성폭력 피해자가 될 가능성이 훨씬 더 높다는 사실, 이것이 정신건강에서 나타나는 성별 격차의 주요 원인 중 하나인 것이다.

피해를 당하지만 않으면 괜찮을까?

범죄율이 높은 지역에 사는 사람들은 우울하고 불안하다. 실제로 범죄 피해를 당한 사람의 정신적 고통이 제일 심하겠지만 피해를 당하지 않은 사람들의 정신건강도 좋지 않다. 여러 연구들이 범죄율이 높은 지역 사람들의 정신건강 수준이 안전한 지역 사람들보다 낮다는 것을 실증해준다. 특히 타인에 대한 신뢰는 정신건강과 행복에 크게 영향을 미치는데, 범죄 위험이 높은 동네에서는 타인을 잘 믿지 못하게 되니 우울과 불안이 높아진다.[80] 사회적 자본social capital이라는 개념으로도 불리는 신뢰는 이미 여러 연구에서 정신건강에 미치는 긍정적인 효과가 입증되었다.

반대로 범죄율이 높은 지역 사람들은 자신의 삶이 안전하지 않다는 두려움에 일상생활에서 항상 긴장하게 된다. 혹시라도 범죄를 당할까 무서워 거리 산책이나 운동도 꺼려진다면, 이웃집 사람이 범죄자는 아닐까 걱정된다면, 밤에 혼자 있는 게 두렵다면, 그런 게 일상이라면 어떨까? 직접적으로 피해를 입지 않더라도 범죄에 대한 공포와 스트레스가 우리의 행복을 낮추고 우울과 불안을 높인다는 데는 재론의 여지가 없다.[81]

그런데 주목해야 할 사실은 폭력·강도 등의 범죄가 많이 일어나는 지역에서는 남성도 두려움에 떨고 그로 인해 우울·불안 등을 느끼지만, 여성들은 그런 범죄율이 낮은 지역에서도 두려움에 떤다는 점이다. 폭력·강도 등의 범죄가 없다면 남성은 두려워할 필요가 없다. 그러나 여성들은 성범죄에 대한 두려움에 그럴 수 없다.

'한국만큼 안전한 나라가 없다'는 말에는 남성의 목소리만 들어있다. 남성들은 문을 잠그지 않아도, 밤에 늦게 귀가하더라도 두려움과 불안에 떨 필요가 없다. 그러나 여성들은 그렇지 않다. 성폭력 범죄율이 높으면 피해를 당하지 않은 여성들도 그 부정적 영향을 받는다. 2016년 여성가족부의 전국 성폭력 실태조사에 따르면, 이제껏 살면서 성추행·강간미수·강간 등 신체적 성폭력 피해를 경험한 여성의 비율은 21.6%였다. 5명 중 1명꼴이니, 자신이 피해를 입지 않더라도 친구든 가족이든 가까운 사람들 중 피해를 입은 사람이 있을 테니 그들로부터 성폭력 피해 경험을 듣게 된다. 여기에 음란 메시지(12.1%)나 성기노출(30.4%), 성희롱(7.4%)을 경험하는 비율까지 더하면, 성범죄에 대한 여성들의 불안감은 익히 근거가 있는 것이다. 여성들이 느끼는 두려움을 그저 '지나친 피해의식'으로 치부하는 것은 안전이 여성에게 불공평한 현실을 외면하는 일이다.

여성의 마음 깊숙이 심어지는 두려움과 불안

> 나의 그 또그락거리는 구두 소리는 분명 자기를 위협하노라고 일부러 그렇게 따악딱 땅바닥을 박아 내며 걷는 줄로만 아는 모양이다. (…) 길다랗게 내뚫린 골목으로 이 여자는 휭하니 내닫는다. 이 골목 안이 저의 집인지, 혹은 나를 피하노라고 빠져 들어갔는지, 그것은 알 바 없으나, 나로선 이 여자가 나를 불량배로 영원히 알고 있을 것임이 서글픈 일이다. 여자는 왜 그리 남자를 믿지 못하는 것일까. 여자를 대하자면 남자는 구두 소리에까지도 세심한 주의를 가져야 점잖다는 대우를 받게 되는 것이라면, 이건 이성(異性)에 한 모욕이 아닐까 생각을 하며, 나는 그 다음으로 그 구두 징을 뽑아 버렸거니와 살아가노라면 별(別)한

데다가 다 신경을 써 가며 살아야 되는 것이 사람임을 알았다.

계용묵의 수필 「구두」 속 화자는 수선공이 구두 뒤축에 박아놓은 징 때문에 괜한 오해를 받는다. 낯선 여성이 자신을 치한 정도로 생각한 듯하니 당사자의 입장에서는 낭패스럽고 분개할 만도 하다. 요즘 표현으로 이야기하자면 '잠재적 가해자' 취급을 받았다고 분개할 수도 있겠다. 누군가에게 받는 의심의 눈초리는 그 의심의 이유가 사실이 아닐 때 모욕감을 줄 수 있다.

그런데 화자가 아닌 수필 속 여성의 입장에서 생각해본다면 그 두려움은 실재였을 것이다. 혼자 걷는 길, 뒤에서 나는 남자의 발자국 소리, 그것도 속도가 점점 빨라지며 자신과의 거리가 가까워진다고 느껴진다면 대부분의 여성은 가슴이 철렁하며 무슨 끔찍한 일이라도 벌어질 것만 같은 두려움을 느낄 것이다. 누군가는 유난스러움 정도로 치부해버릴 수도 있겠지만 당사자 입장에서는 피부로 느껴지는 공포이다. 1949년에 발표된 수필 속 상황은 현재에도 유효하니 여성들의 두려움은 세대를 넘어 계속되어왔다고도 할 수 있겠다.

범죄 피해에 대한 두려움을 조사해보면 당연하게도 여성이 남성보다 훨씬 더 큰 두려움을 갖는다. 그리고 여성들의 이 두려움은 성폭력에 대한 두려움에서 연유하여 범죄 일반에 대한 두려움으로 확장되다 '성폭력의 그림자 가설The shadow of sexual assault hypothesis'로도 불리는 이 현상은 여성들이 일반적으로 범죄에 대한 높은 두려움을 갖는 이유를 설명해준다.[82]

그런데 여성들의 이 두려움은 실제 성폭력 범죄 발생률을 알고서 나오는 것만은 아니다. 성폭력이 무엇인지, 실제 성폭력 범죄가 얼마나 일어나는지도 잘 모르는 아동기 때부터 이미 여성의 마음에는 범죄에 대한 잠재된 불안과 두려움이 자리를 잡는다. 바로 사회화 과정을 통한 두려움의 내재화다.

젠더 사회화 과정에서 남성은 용감하게 누군가를 보호해야 하는 존재로 키워진다. 겁쟁이나 울보는 남성에게 어울리지 않는다고 배운다. 반면 여자아이는 어렸을 때부터 신체적으로 약하고 보호받아야 하는 존재로 여겨지며, 암암리에 범죄, 특히 성폭력 범죄의 피해자가 될 가능성이 많다는 사실도 배운다. 그리하여 성별에 따라 다른 수준의 두려움, 즉 범죄에 대한 '성별화된 두려움gendered fear of crime'을 갖게 된다.[83]

여성들은 어린 시절부터 무수히 세상이 얼마나 위험한지를 들으며 자란다. 「엄마 양과 일곱 마리의 아기 양」 이야기처럼 낯선 사람에게 문을 열어주거나 따라가선 안 된다. '무서운 세상이다' '남자를 조심해라' '늦게 다니면 안 된다' '밤에 혼자 다니지 말아라' '단정하게 입어라' 등의 이야기를 자라면서 안 들어본 여성은 없을 것이다. 실제로 부모는 아들보다 딸에 대해 더 걱정하고 안전에 대해 끊임없이 강조한다.[84] 범죄에 대한 두려움이 이런 과정 속에서 딸들의 내면 깊숙이 자리잡게 되는 것이다.

부모 입장에서는 딸의 안전을 위한 교육이자 보호를 위한 행동이긴 하지만, 이 과정에서 여성은 어려서부터 남성에게 성폭력을 당할 수 있다는 메시지를 받는 것과 더불어 자신이 신체적·성적으로 취약한 존재라고 배우게 된다. 우리나라에서 사용되는 유아 대상 성폭력 예방교육 자료들을 보면 영상이나 그림 자료 속 피해자 혹은 '똑똑하게' 거부를 하는 아동은 주로 여아이고 가해자는 어른 남성, 혹은 좋아하는 마음을 어떻게 표현할지 몰라 여아를 [illegible]하게 잡아당기거나 안는 행동을 하는 남아이다.

여성들의 두려움은 부모나 다른 가족과의 상호작용을 통해서, 심지어 교육기관의 성폭력 예방교육을 통해서도 이렇게 어린 시절부터 자라난다.[85] 그리고 그 아이가 부모가 되면 두려움은 또 다음 세대로 전승된다. 여기에다 자라면서(그리고 성인이 되어서도) 접하는 범죄에 대한 언론보도, 주변의 경험 및 현실 이야기 등도 여성의 두려움을 더욱 크게 만든다. 불안이 마음 깊숙이 스며드는 것이다.

이는 여성의 자유와 활동을 위축시키는 결과를 낳기도 한다. 여자 대학생에 대한 한 연구는 성폭력 피해에 대한 두려움 때문에 일상생활에서 스스로 조심하고 위축된다는 사실을 보여준다.[86] 서울·경기 지역의 여자 대학생 918명을 대상으로 조사를 했는데, 밤길을 걸을 때 아무 특별한 일이 없어도 불안하다고 느낀 이들이 64.8%나 되었고, 누가 말을 걸거나 가까이에 올 때는 83.6%에 이르렀다. 이들은 불안을 느낄 때는 빠르게 걷거나(74.1%) 전화통화를 하며 가는(66.6%) 식으로 대처했다. 수필 「구두」 속 상황이 떠오르지 않을 수 없다. 또한 혼자 택시를 탈 때나 엘리베이터를 탈 때도 여자 대학생들은 상당한 불안감을 느끼며, 행동거지를 조심히 하려고 했다.

국민안전교육 포털의 성폭력 예방을 위한 동영상 자료의 한 장면. 많은 성교육 자료들이 가해자를 남성으로, 피해자를 여성으로 그리는 경우가 많으며, 어떻게 해야 성범죄를 피할 수 있는지 강조한다. 이런 교육은 여성에게 조심해야 한다는 생각을 내면에 심어주게 된다.

범죄를 당할 가능성이 있다고 생각할수록 여성이 할 수 있는 일은 스스로 조심하는 일뿐이다. 어릴 때 무수히 들어왔던 말처럼 가능한 한 집에 일찍 들어가고, 옷을 단정히 입으며, 낯선 사람은 경계해야 한다. 여성 스스로 행동을 제약하고 몸조심하지 않으면 안 되는 상황이 된다. 만에 하나라도 성폭력을 당하게 된다면 그 책임은 몸조심하지 않은 여성 스스로의 몫이 될 위험마저 있다. 범죄 피해에 대한 두려움이 클수록 여성은 무력한 존재가 되며 여성에 대한 통제와 규율이 더해지는 것이다.[87]

두려움을 걷어냈을 때 드러나는 것

범죄 피해에 대한 두려움이 여성과 남성의 주관적 안녕, 즉 행복감과 삶에 대한 만족도에 어떠한 영향을 미치는지 분석한 적이 있다.[88] 주관적 안녕은 자신의 생활에 어느 정도 만족하는지, 얼마나 행복하다고 생각하는지를 묻는, 그야말로 현재 삶에 대한 사람들의 주관적 평가이다. 행복이라는 것이 객관적으로 측정할 수 없고 근본적으로 본인이 얼마나 만족감·안정감 등을 느끼는가가 중요하기 때문에 삶의 질과 행복에 대한 연구에서 많이 쓰이는 방식이다.

분석에 활용한 자료에는 주관적 안녕에 대한 문항과 더불어 밤중에 동네에서 혼자 걷게 될 경우 범죄 피해를 당할 가능성이 어느 정도라고 생각하는지를 묻는 문항도 포함하고 있다. 범죄 일반에 대한 두려움을 측정하는 문항이다. 성별에 따라 비교를 해보니 예상대로 여성이 남성보다 범죄 피해에 대한 두려움이 높았고, 특히 젊은 여성일수록 두려움이 높았다.

여성과 남성의 주관적 안녕감에는 차이가 있었을까? 연령·가구소득·교육수준·결혼상태 등의 조건을 함께 고려한 상태에서 여성과 남성의 주관적 안녕감에는 통계적으로 유의미한 수준의 차이가 없었다. 그런 조건이 동일한 남녀 사이에는 행복감 정도에 차이가 없었다는 뜻이다. 그런데 추가적으로 범죄 피해에 대한 두려움을 포함시켜 보았더니 보이지 않았던 성별간의 차이가 드러났다. 범죄 피해에 대한 두려움을 제어하자 오히려 여성이 남성보다 주관적 안녕, 즉 행복의 수준이 높은 것으로 나타난 것이다.

통계적 개념으로 이야기하자면, 억제 효과suppressor effect로 설명된다. 원래는 여성의 주관적 안녕 수준이 남성보다 높은데 이것을 범죄 피해에 대한 두려움이 억제, 즉 누르고 있었기 때문에 드러나지 않았다는 것이다. 다르게 말하자면, 여성의 범죄 피해에 대한 두려움이 줄어든다면 여성의 삶에 대한 만족과 행복의 수준은 남성보다도 높아질 수 있다는 얘기다. '여성이 안전한 사회', 이 평범한 구호가 여성들에게 절실히 다가오는 이유다.

7

청년여성이 우울한 이유

소녀여 야망을 가져라. 단, 노동시장에 나가기 전까지만

우리나라 여자고등학교 학생들의 6할 이상이 제사, 혼인 등 의례절차를 전혀 모르고 선인들의 생활전통, 문화적 유산에 대한 관심이 없으며, 절반가량이 전기, 수도의 계량기를 읽을 줄도 모르고 있음이 최근 문교부의 여성교육실태조사에서 밝혀져 생활인으로서의 여성 교육 전반에 대한 재검토가 요청되고 있다.(『매일경제』, 「여성교육 그 문제점」, 1970년 7월 7일)

이○○양 과천대표로 참가하는 이○○양(21)은 잔잔하고 그윽한 향기를 풍기는 프리지아를 연상시킨다. ○○여고를 졸업했으며 현재는 회사원으로 수영과 여행을 즐기고 푸른색을 좋아하는 이양은 장래희망도

다소곳한 현모양처가 되는 것.(『경인일보』, 「미스 과천」, 1990년 4월 26일)

세상은 변화한다. 이제는 여성교육의 목표로 '생활전통, 문화적 유산'을 주장하는 이도, '현모양처'가 꿈인 여학생도 드물다. 미스코리아대회 참가자들이 으레 현모양처가 꿈이라고 밝히고 그것이 긍정적인 이미지로 받아들여지던 때가 있었지만 이제 미스코리아대회 자체가 사람들의 관심 밖으로 밀려난 지 오래이다.[89] 요즘 대다수 여성, 특히 청년여성들은 경제활동과 이를 통한 자아실현을 원한다.

그런데 세상은 변화하지만 어떤 부분은 매우 느리게 변화하기도, 또 좀처럼 변화하지 않기도 한다. 여성들의 경제활동과 자립에 대한 욕구는 날이 갈수록 높아지는데 노동시장에서의 불평등은 매우 느리게 개선되고 있는 것이다. 사회문화적 가치관의 변화에 비해 사회구조적 현실은 변화하지 못하고 지체되는 현상, 즉 가치관과 현실 간의 미스매치 현상이 발생하고 있다.

현재 한국 사회 청년여성의 좌절, 분노와 우울은 이 지점에서부터 설명되어야 한다. 2020년에 서른이 된 1990년생에 대해 생각해보자. 1990년생 여성은 어떤 의미에서 매우 특별한데, 남아선호사상이 의학적 처치의 도움을 받을 수 있었던 시기에 최고의 경쟁을 뚫고 태어난 존재이기 때문이다. 출산에 인공적인 개입을 하지 않는 경우 보통 여아가 100명 태어날 때 남아가 105명 태어나고, 이에 따라 자연 성비 구간을 103~107로 본다. 한국의 출생아 성비불균형은 1990년에

116.5(여아 100명에 남아 116.5명)로 역대 최고를 기록한 후 서서히 감소했다. 가히 1990년생 여성은 최고의 경쟁률을 뚫었다고 할 만하다.(1990년 이후로 성비불균형이 꾸준히 감소했다고는 하지만 정상범위로 진입한 것은 2007년에 106.2가 되면서였다.)

현재 주로 20대인 이 여성들은 남아선호사상의 여파 속에서 태어났을지라도 그 전前 세대와는 다른 환경에서 성장했다. 지역과 계층에 따라 차이는 있었지만 더 이상 딸이라는 이유로 교육기회가 제한되는 일은 많이 줄었다. 물론 여성의 교육기회가 1990년대에 갑자기 증가한 것은 아니다. 여성의 고등교육기관 진학률은 1980년대 들어 증가하기 시작했고 1990년대 들어 급격히 상승했다.[90] 1980년대와 1990년대에 태어난 여성들은 이전 세대에 비해서 여성교육에 대한 생각이 변화된 환경 아래 성장했으며 현모양처가 아닌 다른 꿈을 가지는 걸 당연하게 여기기 시작했다.

이러한 과정에서 여성의 교육 성취가 남성을 추월했다. 중고등학교 여학생들의 성적은 계속 올라갔고 지금은 남녀공학이 남학생에게 불리하다는 인식마저 널리 퍼져 있다. 3년마다 시행되는 국제학업성취도평가PISA에서 2015년 처음으로 읽기는 물론 수학과 과학 영역 모두에서 여학생이 남학생의 성취도를 넘어섰다.[91]• 대학진학률도 마찬가지인데, 이미 2006년부터 여성의 대학진학률이 남성의

• 그러나 이미 훨씬 전부터 읽기 영역은 여학생들이 성취도가 더 높았고, 1990년생이 16살이던 2006년 PISA 조사부터 수학과 과학 영역에서 여학생과 남학생의 성취도 수준이 매우 근접한 바 있다.

진학률을 뛰어넘었다.[92] 적어도 '학교'에서만큼은 여성이 남성보다 앞서 나가게 된 것이다.

이제 여성도 사회에서 경제활동을 하고 자신의 직업을 갖길 원한다. 부모들도 달라졌다. 딸을 '적당히 교육시켜서 시집이나 보내야지'라고 생각하는 부모는 점점 사라지고 있다. 여학생들은 남학생들만큼이나 부모로부터 학업에 대한 격려와 지원을 받고 있으며 학교에서 자신의 능력을 보여주고 있다. 바야흐로 소년뿐 아니라 소녀도 야망을 가지는 시대인 것이다.

문제는 그 다음이다. 현실은 소녀들의 이런 기대에 부응하는가? 야망은 학교에서 나와 노동시장으로 들어가면서 급격히 좌절되고, 자랄 때는 심각하게 생각해보지 않았던 '여성'이라는 이유로 겪어야 하는 부조리와 부당함이 점점 눈에 보이기 시작한다.

정체된 혁명: 취업과 일터에서 '성'평등한 경쟁은 없다

"나도 대학까지 나온 사람이에요." 『82년생 김지영』에서 주인공이 아이스크림 가게 앞에서 아르바이트를 할까 말까 망설이고 있을 때 가게 점원이 건넨 말이다. 여성의 경력단절이 낳은 현실을 잘 보여주는 대목이다.

사회학자 알리 러셀 혹실드는 현대 사회에서 여성의 노동시장 참여가 증가한 것은 과거에 비해 '혁명'이지만 여성이 여전히 집안일에 대한 책임과 부담을 가지고 있다는 점에서 "정체된 혁명"이라 했다.[93] 일과 가정의 균형이라는 혁명을 꿈꾸었지만 두 영역에서 모두 고군분투해야만 하는, 완성되지 못한 혁명이라는 것이다.[94] 현재 청년여성이 목도하고 있는 현실도 그야말로 정체된 혁명이긴 마찬가지다. 과거의 어느 세대 여성보다 교육수준도, 자아실현의 욕구도 높지만 현실은 이를 따라가지 못한다.

우리나라 여학생들의 높은 학업성취도는 최소한 젊은 세대에서는 여성과 남성이 평등하게 경쟁하고 있는 것처럼 보이게 한다. 그러나 일면 평등하게 보이는 이러한 현실은 교육과정을 마치고 노동시장에 들어가면서 모두 깨진다. 여성들은 졸업하고 사회에 나가면서 여전히 노동시장 내 공고한 성차별이 존재한다는 것을 알게 된다.

2015년 모 은행은 채용 과정에서 남성 합격자수를 높이기 위해 여성 지원자 112명의 점수를 하향 조정해 불합격시켰다. 다른 은행은 아예 신규 채용할 인원의 남녀 성비를 3:1로 정해놓고 뽑는 관행이 있다고 한다. 모 공공기관에서도 여성 지원자들을 부당하게 탈락시킨 일이 밝혀져 사장이 구속되었다.[95]

청년여성들은 노동시장에 들어가기 전 대학시절부터 여자 선배들의 낮은 취업률과 결혼·출산 후의 고용단절을 간접적으로 경험하고 배운다. 그래서 경쟁해보기도 전에 상대적으로 일과 가정 양립의 부담이 적은 직업군으로 진로를 좁히는 일도 생겨난다.[96] 이러한 선택은 자발적으로 보일지라도 실제로는 자발적이지 않은 어쩔 수 없는 타협의 산물이며, 남성이 많은 직업군에 여성이 진출하지 못하거나 진출하더라도 결국 포기하고 빠져나오는 현상으로 연결된다. 이런 불리함 때문에 많은 청년여성들이 시험을 통한 취업에 매달리면서, 그 결과 공무원이나 교사 같은 분야에서 눈에 띄게 여성들이 약진하게 되었다. 그러나 이는 역설적으로 노동시장 내 성차별이 존재하지 않는 것처럼 보이게 한다. 노동시장 내 젠더 불평등에 대한 착시효과를 낳는 것이다. 2019년 기준 대졸 남성의 취업률(69%)과 대졸 여성의 취업률(65.2%)의 차이는 3.8%였으며, 성별 취업률 격차는 해가 갈수록 커지고 있다.

그런데 더 큰 불평등은 취업 이후에 있다. 많은 여성이 결혼·출산·양육을 거치며 직장을 도중에 그만둬 경력단절을 겪는다. 2019년 기준 기혼여성 중 경력단절 여성의 비율은 19.2%였다.[97] 잘 알려져 있다시피 여성의 경력단절로 인해 한국의 연령대별 여성 고용은 M자 곡선을 띤다. 취업 후에 결혼과 출산을 하게 되면 직장을 그만두어 노동시장 참여율이 떨어지고, 아이를 어느 정도 키우고 난 후 다시 경제활동을 시작하기 때문에 나타나는 현상이다. 그러나 다시 일을 시작할 때는 자신의 교육수준과 경력에 준하는 일자리로 돌아가기 어렵다. 경력단절을 경험한 많은 여성들이 비정규직, 파트타임 일자리에 종사하게 된다.

그렇다고 경력단절 없이 일하는 여성이 승승장구할 수 있는 것도 아니다. 2019년 기준 민간기업체의 여성 관리직 비율은 21.6%이며, 상장기업 중 여성 임원의 비율은 4.5%밖에 되지 않는다.[98] 여성이 많이 취업한다고 하는 교직과 공무원 사회에서도 이런 사정은 크게 다르지 않다.

어릴 때부터 현모양처가 아닌 다른 꿈을 꾸어왔고 학교에서는 남학생들보다 잘했던 지금의 청년여성들에게 현실의 이런 불평등과 불합리함은 더 아프다. 이들에게 20대 이후의 삶은 좌절과 타협의 연속이며 성별로 인해 불리함을 감수해야 하는 기간이다.

누구에게나 노력과 보상의 균형은 중요한 문제이다. 노력한 대로 보상받는다는 게 불가능한 꿈일지라도 어느 정도 위안이 될 수 있는, 혹은 이해할 수 있는 수준의 보상은 있어야 다시 힘을 내서 살아갈 수 있다. 자신의 능력과 노력에 비추어 자신이 받을 보상을 제대로 받지 못하고 있다고 생각하는 사람들은 우울이 높아진다.[99]

한국의 청년여성들은 남성과 동등하게 능력과 노력에 의해 평가받는 것이 아니라 여성이라는 이유로 직장에서도 차별과 경력단절을 겪어야 하는 현실을 분명히 인식하고 있다.[100] 당연할 수도 있지만, 청년여성이 청년남성보다 한국 사회의 여성 차별이 심각하다고 생각한다. 직장을 다니는 여성들이야 더 말할 필요가 없다. 직장 내 성차별을 직접 겪는 경우 일 자체에 대한 만족도는 물론 삶의 만족도도 떨어진다.[101] 차별 경험과 차별을 당하고 있다는 자각은 건강에 매우 중요한 영향을 미치는 사회적 결정요인이다. 차별은 우울 등의 정신건강뿐 아니라 신체건강까지 파괴하는 핵심적인 '사회적' 스트레스이기 때문이다.

현재의 청년여성은 물론이고 미래 세대의 여성들은 더욱 경제활동 참여를 원하고 당연시하며 공정한 평가를 받고자 할 것이다. 그러나 노동시장 내 성별 불평등은 너무 느리게 개선되고 있다. 이 간극에서 여성들은 좌절할 수밖에 없다. 개인 차원에서는 이를 극복하고 더 강해져서 나아가야 한다고 말할 수 있을지도 모르겠다. 그러나 개인의 노력만으로는 되지 않는 현실, 구조적으로 취약한 위치에 있게 되는 현실, 그 민낯은 결코 녹록치 않다.

'성'평등한 안전도 없다: 집단트라우마의 가능성

학교를 오가다보면 요사이 여학생들의 분노 수준이 매우 높다는 것을 피부로 느낀다. 그 분노의 밑바닥에는 여성에 대한 범죄(젠더폭력)와 여전히 나아지지 않는 현실이 자리하고 있다.

2016년 강남역 살인사건은 여성들에게 자신들이 사회적 약자로, 폭력의 대상이 될 수 있다는 것을 충격적으로 일깨워준 사건이었다. 여성들은 해시태그 '#나는 우연히 살아남았다' 운동을 벌이며 젠더폭력의 근절을 소망했다.

그 후로도 2018년 미투운동, 2019년 N번방 사건, 2020년 박원순 전 시장 사망사건까지 지난 몇 년간 한국 사회는 여성에 대한 범죄와 젠더이슈로 꽉 채워져 있었다고 해도 과언이 아니다. 그러면서 젠더폭력에 대한 인식이 전환되고, 여성의 목소리에 의해 사회변화의 단초가 만들어졌다는 점은 매우 중요한 사회적 의의를 지닌다.

그럼에도 불구하고 정신건강의 측면에서 지난 몇 년은 여성, 특히 청년여성들에게는 집단트라우마의 시간이었다고 말할 수 있다. 집단트라우마collective trauma란 사회에 매우 충격적인 사건이 발생하고서, 이 사건이 직접 피해자뿐 아니라 그렇지 않은 사람들에게도 부정적 영향을 주는 상태를 말한다. 미국의 9·11 테러나 우리나라의 세월호 참사가 사회 구성원들에게 집단트라우마를 안겨준 대표적인 사건이다.

2016년 이후 한국사회에서 벌어진 젠더폭력 사건들도 청년여성에게는 바로 그러했다. 강남역 살인사건과 미투운동에 이은 2019년 연예인 정준영 등 성범죄 사건, 연예인 설리·구하라 자살과 N번방 사건까지 지속적으로 발생한 젠더폭력 사건과 이슈들을 접하며, 20대 여성들은 그것들을 자신에게도 닥칠 수 있는 '나의 문제'라고 느꼈다. 그래서 다른 성별이나 연령대에 비해 20대 여성들은 특히 더 깊게 공감하고 분노했다.

미디어를 통해서 하루가 멀다 하고 계속 터지는 성범죄 사건과 나아지지 않는 현실은 청년여성들에게는 나도 그렇게 될 수 있다는 공포와 불안을 드리운다. 모든 애도나 슬픔이 그렇듯이 집단트라우마도 시간이 지나면 점차 완화되기도 하지만 상황이 나아지기보다는 유사한 사건이 계속 발생한다면 트라우마는 더 악화될 것이다. 앞으로 또 여성을 노린 어떤 범죄가 일어날까? 청년여성들의 불안과 분노는 커져만간다.

코로나19와 청년여성의 자살: 벼랑 끝 20대 여성

2020년에는 코로나19가 전체 사회를 뒤흔들었다고 해도 과언이 아니다. 많은 사람들이 직장을 잃고 생계를 걱정했으며, 다른 한편에서는 '언택트' 시대의 과다 노동으로 인한 택배노동자의 사망사건도 이어졌다. 재난의 결과는 결코 공평하지도 랜덤하지도 않다. 코로나19뿐 아니라 1995년 시카고 폭염, 2005년 미국의 허리케인 카트리나, 2010년 아이티 대지진 등에서도 볼 수 있었듯 재난은 가장 취약한 집단을 먼저 그리고 강하게 덮친다. '자연' 재난이 '사회적' 재난이 되는 순간이다.

코로나19의 타격도 사회적 약자에게 더 크게 발생했는데, 청년여성도 타격을 가장 크게 입은 집단 중 하나이다.

> 이소정씨(가명·25)도 코로나19 이후 실직과 반복되는 취업 실패로 우울증을 겪고 있다. 실업급여 지급이 끝나자 아르바이트를 하며 구직활동을 했지만 여의치 않았다. 생활비와 임대료 체납, 정신과 치료비를 감당하지 못한 이씨는 자해를 거듭하다 극단적인 선택을 시도했다. (…) 박지현씨(가명·30)도 코로나19 우울증에 시달린다. 생활비를 위해 끌어다 쓴 빚이 늘어났고, 월세와 건강보험료 등 각종 공과금이 밀려 감당할 수 없는 수준에 이르렀다. 개인회생을 신청했지만 변제금을 마련하지 못했다. 박씨는 자살예방센터 상담사에게 가족과 동반자살을 준비하고 있다고 털어놨다.(『경향신문』, 「온통 '코로나 블루'…심리방역

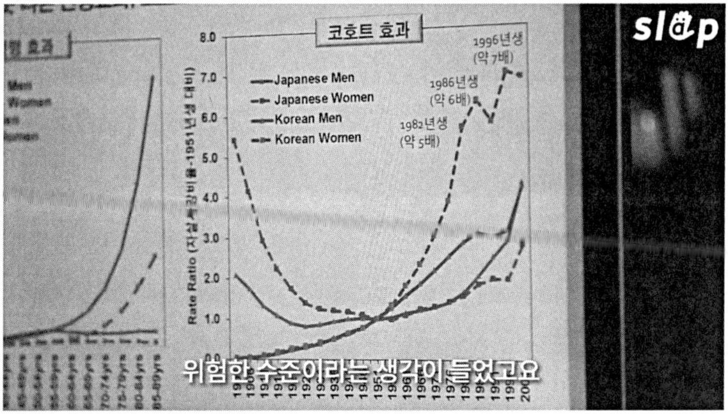

젠더 미디어 슬랩은 코로나19를 맞아 청년여성들이 받은 충격을 '조용한 학살'이라고 이름 붙였다. 그 정도로 코로나19는 유독 청년여성에서 불평등하게 다가왔다.

어디까지 왔나」, 2021년 1월 10일)

이런 사례는 특정한 몇몇의 이야기만이 아니다. 실제로 2020년 상반기 20대 여성 자살자 수는 296명으로 2019년 상반기(207명)보다 43%나 급증했으며, 자살을 시도하는 것도 20대 여성이 전체의 32.1%로 전 세대에서 가장 많았다.[102] 이러한 현상은 '조용한 학살'로 규정되기도 했다.[103] IMF 외환위기가 오기 전인 1997년 대비 1998년의 전체 자살률의 증가폭이 약 40%였다. IMF급 파고가 20대 여성들을 덮친 셈이다.

코로나19 시기 청년여성의 자살을 어떻게 해석할 수 있을까? 현재 한국의 청년은 성별을 떠나 모두 힘들다. 그렇지만 현실은 여성에게 더 잔인하다. 청년여성은 비정규직, 서비스업종, 시간제 일자리에 몰려 있는데, 코로나19로 인한 타격을 가장 최전선에서 받은 바로 그 직종들이다. 많은 여성이 일자리를 잃었고, 취업률 면에서도 여성에게 더 큰 타격이 발생했다. 2020년 9월 기준 여성 취업자 수는 2019년 대비 큰 폭으로 감소했는데 이는 남성 취업률 감소폭의 3배가 넘는다.[104] 여기에 1인 가구인 비혼 여성이라면 상황은 더 어려워진다. 주거빈곤, 경제적 어려움, 코로나19로 인한 사회적 관계의 단절이 겹칠 때 정신적 타격은 더 크게 올 수밖에 없다.

그런데 청년여성의 자살률 급증은 코로나19로 인한 충격만으로는 모두 설명되지 않는다. 코로나19가 시작되기 이전부터 징후가 나타나고 있었기 때문이다. 20~30대(그리고 사실상 10대 여성도) 여성의 자살률은 2017년부터 이미 꾸준히 증가하고 있었다. 2019년 20대 여성의 자살률은 2018년 대비 25.5% 증가했으며, 2017년에 비해서는 45.6% 증가한 상태였다.[105]

이는 코로나19가 발생하기 전에 이미 많은 20대 여성들이 벼랑 끝에 있었다는 것을 말해준다. 그야말로 코로나19 국면이 벼랑 끝에서 있던 여성들을 밀어버린 상황이다. 청년여성들은 이전의 어느 세대 여성보다 자유롭고 당당하게 살고 싶어했으나 현실 속에서 좌절해야 했다. 여기다 앞에서 거론된 젠더폭력 사건들까지 겹쳤으니 강남역 살인사건 이후 "운 좋게 살아남았다"라는 생각은 계속 되고 있는 것이다.[106] 이렇게 코로나19 이전부터 한국 사회에서 청년여성이 느끼는 좌절과 분노, 그리고 슬픔은 점점 부풀어 오르고 있었다고 할 수 있다.

[도표] 20~30대 여성 자살률의 변화

출처: 여성정책연구원 통계DB

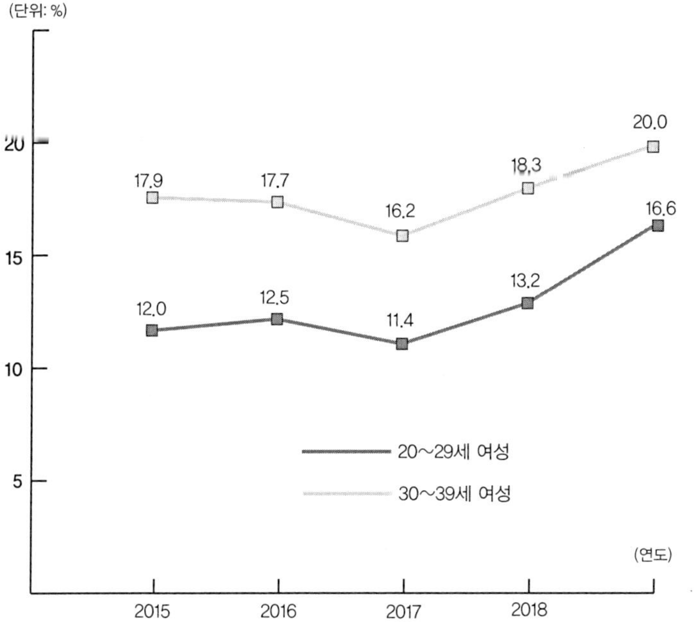

사회학자 뒤르켐은 『자살론』에서 자살의 유형을 네 가지로 구분했다. 그중 하나가 숙명적 자살인데, 뒤르켐은 다른 세 가지 유형의 자살(이기적, 이타적, 아노미적 자살)에 비해 숙명적 자살에 대한 설명을 구체적으로 하지 않았다. 그 당시 사회에서는 많이 발생하지 않는다는 이유였다. 뒤르켐에 의하면 숙명적 자살은 "강압적인 규율에 의해 미래가 무자비하게 제한된" 사람들의 자살이며, "지나친 물리적, 정신적 압제로 인한 모든 자살"이다.[40]

2020년 청년여성의 자살은 나아갈 희망이 보이지 않는, 벗어날 수 없는 현실에 압도된 '숙명적' 자살이다. 코로나19로 인해 더 취약해진 경제적 상황과 더불어 과연 코로나 시대가 끝나면 나아질 수는 있는지, 아무런 희망도 품을 수 없는 상황은 개인을 옴짝달싹하지 못하게 하고 이 좌절만 안긴다. 비정규직으로 일하거나 취업을 준비 중인 여성들은 한 언론과의 인터뷰에서 "난 그냥 이미 글렀다는 생각이 들어요" "그냥 이번 달까지만 살아있자, 올해까지만 살아있자, 그런 식으로 생각해요" "그냥 우연히 죽고 싶은 마음"[108]이라며 심정을 털어놓았다.

이들의 애달픈 외침은 빠져나갈 수 없는 불안과 좌절의 올가미에 갇힌 청년여성의 상황을 보여준다. '숙명'으로 느껴지는 이 상황을 어떻게 돌파할 수 있을까? 노동시장에서의 불평등과 성폭력 범죄 문제가 개선되지 않는 한 희망은 밝아보이지 않는다.

4부

성평등한 세상,
성평등한 마음

1

우울증을 고치는 기적의 약은 없다

약 처방이 해결책이라면

현재 국가건강검진 우울증 검사 주기를 기존 '10년마다'에서 '10년 중 필요한 때 한 번'으로 변경해 필요할 때 검진을 받을 수 있게 한다. 1차 의료기관 등에서 우울증 검진 및 진단을 받은 후 정신건강복지센터나 정신과로 연계할 때 의료기관에 수가를 지급해 적극적인 환자 발굴을 지원한다.(『뉴시스』, 2020년 11월 30일. 밑줄은 인용자)

코로나19로 힘겹던 시기인 2020년 말에 정부가 내놓은 자살예방책 중 하나다. 정부가 가장 강조한 대책은 우울증 환자를 '발굴'하여 치료받게 하는 일이다.

자살예방정책에서 의학적 치료가 우선시된 것이 어제 오늘의 일은 아니다. 여기에는 기본적으로 우울증을 질병으로 바라보고 우울증이 자살의 원인이라는 관점이 깔려 있다. 자살예방교육에는 우울한 기분이 들면 전문가의 상담을 받고 정신과 진료를 꺼리지 말라는 내용이 꼭 담겨 있다. 우울증도 다른 질병처럼 병원에서 진단받고서 약을 먹고 치료해야 하며, 그러면 자살도 줄어들게 될 거라는 생각이다.

현재 정부·의료계·미디어는 모두 우리나라 사람들이 우울증 치료를 받지 않는 것이 문제이므로 자살문제를 해결하기 위해서는 좀 더 많은 사람들이 적극적으로 병원 치료를 받아야 한다고 말한다. "우울증 환자는 큰 폭으로 증가했지만 우리나라는 우울증에 대한 인식이 미비한 편"[1]이며, "실제로 우리나라는 경제협력기구OECD 국가 중 우울증약 복용률은 꼴찌 수준이다"라는 이야기는 더 많은 사람들이 항우울제를 먹어야 한다는 뜻을 담고 있다. 몇 년 전에는 정신의학과가 아닌 내과, 소아청소년과 등 1차 진료기관도 항우울제의 한 종류인 선택적 세로토닌 재흡수 억제제SSRI를 60일 이상 처방할 수 있도록 해야 한다는 의료계의 토론회 및 성명 발표가 줄을 이었고, 그 이유로 자살률 감소 효과를 들었다. 1차 의료에서 우울증 환자만 잘 관리해도 자살률 OECD 1위라는 오명을 벗을 수 있다는 주장이다.[2]

전체 국민의 항우울제 복용을 늘리면 정말 자살률이 감소할까? 실제로 꽤 많은 서구의 연구자들이 항우울제 소비와 자살률 간의 관계를 분석했다. 이를 확인하기 위한 방법 중 하나는 항우울제 복용이

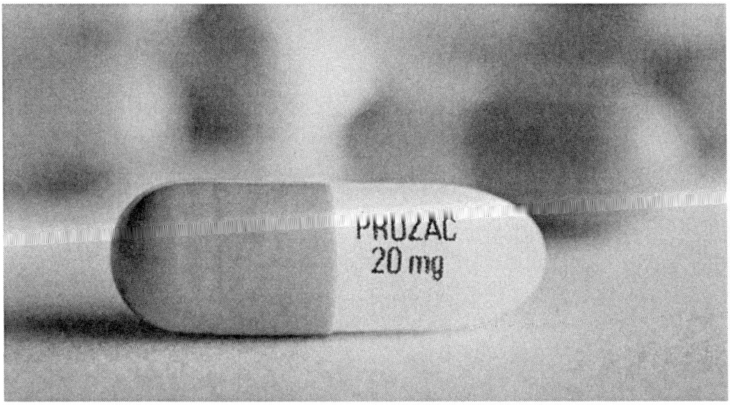

프로작은 대표적인 항우울제로, 우울증을 치료하는 '기적의 알약'으로까지 불린다. 그러나 프로작을 비롯한 항우울제 판매의 증가가 우울증 환자를 줄이거나 자살률을 낮추지 못했다. 사람에게서 우울증을 발생시키는 원인에 대한 이해와 대책 없이 의학적 치료로만 접근하는 것은 위험하다.

증가하기 전과 후인 1980년대와 2000년대의 자살률을 비교하는 것이다. 서구에서 항우울제가 개발되기 시작한 것은 1950년대였고 항우울제 치료가 보편화된 것은 1980년 후반부터였다. 특히 1990년대 초반, 기존의 항우울제에 비해 안전하다는 선택적 세로토닌 재흡수 억제제가 도입된 후 전세계적으로 항우울제 복용이 증가했다.

어떤 연구들은 1990년대 이후 항우울제 소비가 증가한 나라들에서 자살률이 감소한 것을 근거로 항우울제가 자살 예방에 도움이 될 수 있다고 주장한다. 실제로 유럽의 여러 국가에서 1980년대에 비해 2000년대 초반 자살률이 감소했는데(헝가리·덴마크·독일·오스트리아·에스토니아·스위스·슬로베니아 등), 이중 특히 덴마크·헝가리·스웨덴·핀란드 등의 나라에서는 항우울제 처방이 매우 증가했다고 한다.[3] 미국에서는 1985년과 1999년 사이에 자살률이 10만 명당 12.4명에서 10.7명으로 13.5%가 줄었는데 같은 기간 항우울제 처방이 4배 증가했다고 한다.

그러나 이에 대한 반론도 만만치 않다. 여러 연구자들이 항우울제 소비와 자살률 감소는 상관이 없다고 주장한다. 실제로 유럽의 여러 나라에서 항우울제 소비 증가와 자살률 감소는 관계가 없었고[4, 5], 오히려 항우울제 소비는 증가했지만 자살률이 증가한 경우도 발견된다.[6] 예를 들어, 한 연구에 따르면 헝가리에서는 1990년대 초반과 2004년 사이 항우울제 소비가 5배 증가했고 국가 전체 평균 자살률도 감소하긴 했지만, 헝가리 내 지역별 항우울제 소비와 자살률 사이에는 별 관계가 없었다.[7] 항우울제 소비는 증가했지만 자살률이 증가한 지역들도 있었기 때문이다. 게다가 스웨덴와 덴마크에서는 항우울제 소비가 증가하기 전에 이미 자살률이 감소세였기 때문에[8] 2000년대 초반까지의 자살률 감소가 항우울제 때문인지 경제상황과 복지정책 같은 사회적 환경 때문인지 명확하지 않다.

우리나라의 경우는 어떨까? 항우울제 복용에 대한 OECD 데이터와 자살률 통계를 보면 2008년 대비(항우울제 처방에 대해서는 이때부터 데이터가 나와 있다) 2018년 한국의 항우울제 소비는 약 166% 증가했다. 그러나 자살률은 2008년에 인구 10만 명당 26.0명, 2018년에는 26.6명으로 오히려 약간 증가했다. 그런데 2008년과 2018년 사이 변화과정을 자세히 살펴보면, 우리나라의 자살률은 2011년에 10만 명 당 31.7명으로 최고점을 기록하고 이후 다소 감소하여 2017년에는 24.3명까지 떨어졌지만 2018년에 다시 26.6명으로 증가했다.

물론 이 결과를 보면 2018년에는 몰라도 2011년부터 2017년까지의 자살률 감소는 항우울제 효과가 아닐까 생각할 수도 있다. 그런데 2011년까지의 상황을 생각해보자. 항우울제 복용은 2008년에서 2011년까지 꾸준히 증가했으나(2008년에 비해 75% 증가), 자살률은 줄지 않고 오히려 2011년에 최고치를 기록했다. 2011년 이후에는 자살률이 다소 감소했는데 이것이 과연 항우울제 소비가 증가했기 때문일까? 2008년도 국제금융위기로 촉발된 경제위기의 여파가 2011년까지 심각하게 유지되었고 그 이후에 다소 안정화되었기 때문이라고 볼 수도 있지 않을까?

항우울제 소비와 자살률의 관계는 각 연도별로 전년 대비 항우울제 소비와 자살률이 얼마나 증가 혹은 감소했는지를 보면 좀 더 명확히 알 수 있다. 그런 방식으로 2018년까지의 변화패턴을 보면 일반적으로 전년도에 비해 항우울제 소비가 증가한 해에는 자살률도 증가한다는 걸 발견할 수 있다. 그리고 항우울제 소비가 감소한 해는 자살률도 감소한다. 왜 항우울제 소비가 증가한 해에 자살률은 감소하지 않고 증가하는가? 사람들의 삶이 힘들 때 우울도 많이 겪게 되니 항우울제 복용도 많이 하고 자살률도 높아진 것이라 보는 게 합리적이다. 사회적 원인이 항우울제 복용과 자살률 모두에 영향을 미치는 것이지, 항우울제 복용이 자살률에 영향을 미친다고 볼 수는 없는 것이다.

게다가 한국 이외에도 2000년대에 항우울제 복용이 증가했지만 자살률이 증가한 나라도 많다. OECD 데이터에서 확인이 가능한 경우로 한정하더라도 2000년 이후로 항우울제 복용이 감소한 나라는 찾아보기 힘들다. 항우울제가 전세계적으로 보편화되고 있는 것이다. 2000년 이후 다른 나라에 비해 항우울제 소비가 큰 폭으로 증가한 나라로는 호주·포르투갈·영국 등이 있는데(이 나라들은 2017~2019년 기준, 항우울제 소비량의 절대적 수준도 높다) 이들 나라의 자살률은 2000년 이후 거의 비슷하게 유지되거나 오히려 증가했다. 명실상부 항우울제의 나라인 미국의 자살률은 2000년 이후 계속적으로 증가하고 있다. 항우울제 복용이 자살예방책이 될 수 있는지 성찰과 논의가 필요한 이유다.

그러나 현재 우리나라에서는 정부정책·미디어·의학계 모두가 우울증과 자살 문제에 대해서는 의학적 치료만이 해결 방법인 것처럼 말하고 있다. 이에 비해 항우울제 복용이 먼저 도입되고 보편화된 서구에서는 항우울제에 대한 비판과 성찰이 활발하게 나오고 있다. 그러나 특정 약물 처방이 제약회사의 마케팅이나 정부정책에 영향을 받는다는 사실, 항우울제 사용에 주의가 필요하다는 지적[9] 등이 우리나라에서는 잘 보이지 않는다.

정신과 진료에 대한 사회적 낙인도 없어져야 할 것이지만 그렇다고 항우울제를 만능키로 생각하는 것도 매우 곤란한 일이다. 약물치료가 자살문제를 '해결'할 수 있다는 생각은 이제 버려야 한다. 정부의 역할이라는 측면에서도 묻고 싶다. 항우울제 복용을 권하는 것이 할 수 있는 최선의 길인가?

약 처방이 낳는 문제들

"우울증은 의지력으로 절대 못 고쳐요, 뇌질환이니까."(『중앙일보』, 2017년 10월 25일)

"당신의 마음이 약해서 우울증이 재발한 것이 아닌 뇌의 기질적인 취약성 때문이다."(『데일리 클리닉 저널』, 2016년 2월 23일)

"아는 듯 모르는 우울증, 검진으로 조기발견이 최선"(『헬스조선』, 2016년 2월 22일)

우울증에 대해 흔히 접할 수 있는 이야기는 스스로 고칠 수 있는 질병이 아니며 조기발견과 조기치료가 최선이라는 것이다. 물론 우울증에 대한 의학적 처방은 필요하다. 이미 스스로 조절할 수 없는 상태가 되면 당연히 약물의 도움을 받는 것이 나을 것이다.

그런데 정신의학자들 중에서도 우울증 등 기분장애에 대한 의학적 치료의 위험성을 경고하는 사람들이 많다는 사실을 아는 사람들은 별로 없다. 우울증뿐 아니라 모든 질병에서도 '조기발견'이라는 목표가 '과잉진단'을 초래한다는 의학계 내부의 경고와 자성[10]은 잘 들리지 않는다. 꼭 치료하지 않고 관리만 해도 되는 정도인데, 약이나 주사나 수술을 하게 되는 것이다. 우리는 의학적 치료가 낳을 수 있는 문제, 특히 우울증의 조기발견, 조기치료가 갖는 문제점을 알아야 한다.

그 첫째는 우울증으로 진단될 경우 생각보다 항우울제를 오래 먹어야 한다는 것이다. 최소한 4~6개월 동안 복용해야 하고 임의로 약을 끊으면 증상이 더 심각해질 수 있다. 물론 오래 먹더라도 '완치'가 될 수 있다면야 문제는 아니다. 그러나 우울증은 재발률이 높다. 우울증 치료 후 재발할 확률은 대략 50% 정도이다.[11] 우울증 증상이 심했던 사람은 재발률이 70~80%에 이른다. 적게 보아도 항우울제를 복용한 사람들의 절반 정도가 다시 병원을 찾는다. 절반은 치료되서 다행이라고 해야 할까, 절반이나 재발되니 문제라 해야 할까.

우울증은 왜 재발할까? 항우울제를 장기간 복용하여 신경전달물질의 불균형 상태를 완화했다고 하더라도 현실은 바뀌지 않기 때문이다. 실업과 경제적 어려움으로 인해 우울한 사람이 약을 먹는 동안에는 상태가 개선될지 모르지만 어려운 상황이 해결되지 않는 이상 제자리로 돌아갈 확률이 높다. 게다가 '조기발견'된 환자는 증상이 심하지 않았을 가능성이 있어 의사와 상의 없이 약을 끊어버리는 경우도 많다.

둘째로는, 조기발견과 조기치료가 오히려 우울증 '환자'를 양산할 가능성이 있다는 점이다. 그 과정에서 불필요한 약 처방을 낳는 것은 물론이다. 우리나라에서 조기발견과 조기치료를 보다 강조하는 이유는 아직 정신과 진료에 대한 편견이 남아 있어서 우울증 진료를 꺼리기 때문이라고 한다. 그러나 정신과 진료에 대한 사회적 낙인은 지난 몇 년간 완화되어왔고 앞으로 더 빨리 사라질 것으로 보인다. 특히 현재의 20대는 중·고등학교 시절부터 우울, 심리정서 검사를 경험한 세대이다. 2008년에 학생들의 정신건강을 위해 중·고등학교에위WEE 클래스가 도입되었는데, 학생들은 친구관계나 진로 등에서부터 자존감 향상 및 사회성 증진을 위한 상담을 학교에서 받을 수 있다. 더 전문적인 상담과 진료가 필요한 학생들을 위한 상위 프로그램도 교육청 단위로 마련돼 있다. 이런 제도를 경험한 세대는 우울증 신뇨나 심리상담에 대한 반감이나 편견이 훨씬 낮다. 앞으로 정신과 진료에 대한 편견은 급속히 감소할 걸로 보이며, 이제는 오히려 지나친 정신의학적 치료의 문제점에 대해 걱정하기 시작할 때가 아닌가 한다.

정신과 진료에 대한 편견이 훨씬 없는, 우울증은 큰일도 아니라고 생각하는 서구의 상황을 살펴보면 우리의 미래에 시사하는 점이 많다. 서구 사회에서는 조기발견과 조기치료가 항우울제가 필요 없는 상태의 사람에게 과잉처방을 낳는다는 점이 꾸준히 지적되어왔다.[12] 미국 드라마나 영화 속 등장인물들이 마치 영양제를 먹듯 항우울제를 먹는 모습을 종종 볼 수 있듯이, 미국 사회에서 우울증에 대한 과잉진단과 과잉처방, 약물 오남용은 많은 문제를 일으키고 있다. 특히 다중약물요법이나 불안증에 주로 사용하는 벤조디아제핀계 신경안정제는 그 부작용으로 인해 오히려 자살위험성을 높이는 등의 심각한 결과를 초래한다.

이와 관련해 여성의 정신건강과 관련해서 생각해봐야 할 지점도 있다. 여성이 남성에 비해 과잉처방을 받는 경우가 많기 때문이다.[13] 우울 증상이 경미한 경우에도 여성은 남성보다 더 많이 항우울제를 처방받고 복용한다. 의학적 시각에서 볼 때 여성은 호르몬 등으로 인해 남성보다 더 쉽게 우울해지는 존재이며, 실제로 우울증 환자 중 여성이 훨씬 많다는 사실 때문에, 의사는 남성과 여성이 같은 증상을 이야기하더라도 여성에게 항우울제 처방을 더 많이 내릴 가능성이 있다. 이러한 경향은 여성들의 항우울제 혹은 신경안정제 오남용으로 연결될 수 있다. 이미 우리나라에서도 부작용이 심각한 벤조디아제핀계 신경안정제 복용이 늘어나고 있고, 여성의 복용률이 남성보다 훨씬 높다.[14] 의사의 처방이 필요 없는 신경안정제의 과다사용도 서구에서 골칫거리인데, 역시 이 경우에도 여성의 오남용이 훨씬 높다.[15]

신경안정제 오남용 문제는 의학적 치료를 최선의 방법으로 두는 사회적 분위기가 계속되면 더욱 심각해질 것이다. 그리고 이 과정에서 가장 큰 피해자는 여성이 될 것이다.

2

심리치료는 얼마나 도움이 될까

긍정의 힘: 생각의 방식을 교정하기

우울과 긍정은 어울리지 않는 말이다. 우울한데 자신의 상황과 미래를 긍정적으로 생각하는 사람은 없을 것이다. "내가 하는 일 중에 제대로 되는 일이 없네" "앞으로 좋아질 일은 없어" "노력해봤자야" "모든 사람이 날 무시해" 같은 부정적인 생각은 우울과 긴밀하게 연결되어 있다. 그런 생각들이 쌓이면 우울해지고, 우울해지면 또 부정적인 생각이 늘어난다. 악순환이 일어나는 것이다.

그러지 말고 자신이 처한 상황에 대해 긍정적으로 생각하도록 노력하는 것, 부정적 생각을 떨치고 상황을 긍정적으로 생각할 수 있는 힘을 키우는 것, 바로 이것이 여러 심리치료가 강조하는 지점이다. 부정적인 생각과 그 후에 따라오는 감정이 우울의 주요 원인이므로 이를 제거 혹은 교정해야 한다는 것이다.

이런 맥락에서 가장 널리 활용되는 프로그램 중 하나가 인지행동치료cognitive behavioral therapies 다. 우울한 사람들은 지나치게 부정적인 생각(인지)만 하는데, 그럴 만한 타당한 이유가 없는데도 불구하고 매사에 부정적으로 생각하는 것을 '인지왜곡cognitive distortion'이라고 한다. 생각을 잘못하고 있다는 뜻이다. 인지행동치료는 개인이 가진 여러 인지왜곡을 교정하는 데 목적이 있다.[16] 치료 과정을 통해서 치료 대상자가 자신의 사고가 어떤 점에서 비합리적인지 스스로 깨닫고 자기 사고방식의 가장 밑바닥에 깔려 있는 부정적 신념(핵심신념)이 무엇인지 알게 하는 것이다.[17]

예를 들어 '아무도 날 좋아하지 않아'라는 생각을 마음 속 깊이 갖고 있는 사람이 있다면, 이런 사람은 누가 호의를 가지고 다가와도 경계하고 밀어내는 식으로 주변 사람과의 관계를 망치는 경우가 많을 것이다. 따라서 이 사람은 먼저 그것이 사실이 아니라 그저 자신의 믿음(핵심신념)일 뿐이며 이 '신념'이 잘못된 것임을 깨닫는 게 필요하다. 인지행동치료로 자신의 부정적 생각이 실제 현실과는 다르다는 걸 알게 되면('나를 좋아하는 친구들도 많고 걱정해주는 사람들도 있구나'), 이것을 교정해 부정적인 생각에서 비롯된 행동도 고칠 수 있다.

여기에 더하여, 만약 치료 대상자가 자신의 부정적 사고의 저변에는 어린 시절 왕따를 당한 경험 혹은 부모의 이혼이 자리하고 있음을 깨닫게 된다면 좀 더 자신의 사고와 감정을 객관적으로 들여다볼 수 있을 것이다. '아, 어린 시절의 경험 때문에 나도 모르는 사이 타인과의 관계에 대해 자신감이 없어졌구나' '부모님이 이혼하신 이후로 누군가에게 버림받을지도 모른다는 두려움이 생겼구나' 하고 깨닫게 된다는 것이다. 이런 과정을 통해 자신의 심리가 형성되는 맥락을 알면, 그리고 그 부정적 영향을 깨달으면, 궁극적으로는 스스로 자신의 생각·감정·행동을 스스로 고치려 노력하게 되고, 이것이 성공적일 때 인지행동치료는 완성된다.

인지행동치료와 같은 심리치료는 우울증의 재발률을 낮춘다고 한다. 약물치료는 중단한 뒤에 다시 되돌아갈 확률이 높지만, 심리치료는 환자의 사고방식을 고치기 때문이다. 정부에서도 우울증에 약물치료와 심리치료를 병행하도록 권고하고 있다.[19] 뇌는 생각과 감정의 영향을 받기 때문에 자신의 생각을 바꾸면 궁극적으로 뇌의 신경전달물질의 불균형 상태를 교정하는 데 도움이 된다. 생각을 바꾸면 세상이 다르게 보인다고 하지 않던가. 생각을 바꾸면 뇌도 달라질 수 있다.

최근에 주목을 받은 긍정심리학은 부정적 감정을 제거하는 것에서 더 나아가 긍정적 정서를 증진하는 것을 추구한다. 개인이 가진 긍정적인 면을 강화하여 행복과 삶의 질을 향상시킬 수 있다는 것이다.[20] 긍정심리학은 우울증 환자의 심리치료 목적으로 쓰이기도 하지만 우울·불안 등을 예방하는 프로그램으로도 활용된다.[21, 22]

부정적인 사건을 경험하더라도 긍정적으로 생각할 수 있는 능력은 분명 개인에게 도움이 된다. 자신의 심리적 장점을 발견하고 잠재력을 발휘할 수 있다면, 자기존중감과 힘든 일에도 일어설 수 있는 회복탄력성과 희망적인 생각을 가질 수 있다면, 쉽게 우울이나 불안에 압도되지 않을 것이다. 긍정심리학에 기초한 심리프로그램은 개인의 심리적 능력을 향상시켜 우울로부터 개인을 보호하고자 한다.

분명 어떤 어려움이 닥쳤을 때 부정적인 생각보다는 긍정적인 생각을 하는 게 나은 면이 있다. 그렇기에 심리치료가 우울한 개인에게 도움이 되는 건 사실이다. 그럼에도 불구하고 삶이 힘들어 우울한 사람에게 그래도 긍정적인 면을 보라고 하는 것이 최선의 길인지 개운하지 않다. 생각이 바뀌지 않는 한 약물로 억제한 신경전달물질의 불균형 상태가 다시 돌아오듯이, 현실이 바뀌지 않으면 생각도 다시 돌아온다. 더구나 이 책의 앞에서 살펴본 것처럼 심리학적 접근은 우울의 원인을 개인의 심리문제로 돌린다. 우울을 개개인의 문제로 바라보면 그저 개인의 마음을 교정하면 될 뿐인 문제가 된다. 그런데 과연 그런가? 괴롭고 힘든 일을 겪는 이들에게 그래도 '밝고 긍정적으로 생각하라'고 하면 그만인가? 그런 이들이 부정적인 생각에서 벗어나지 못하면 그건 그들의 잘못인가? 개인의 마음을 교정하는 것만으로는 전체 여성들이 겪는 정신건강의 문제를 해결할 수 없다.

받아들인 것인가 바꾼 것인가

이런들 어떠하리 저런들 어떠하리

만수산 드렁칡이 얽혀진들 어떠하리
우리도 이같이 얽혀져 백 년까지 누리리라

시의 본래 의도는 그렇지 않다 하더라도 「하여가」는 '수용', 즉 받아들임의 미덕을 말하는 시로 해석될 수 있다. 살아가면서 아등바등하는 것보다 받아들이고 내려놓는 지혜가 필요한 순간이 분명히 있을 것이다.

받아들이면 편하다. 피할 수 없는 것을 피하려고 몸부림치다보면 정신적 고통만 가중될 뿐이다. 심리치료의 하나인 수용전념치료acceptance commitment therapy는 바로 이 지점에서 시작한다. 인간은 누구나 심리적 고통을 경험하고 이는 정상적인 일인데, 이 고통과 괴로움을 비정상적으로 보고 없애려 해서 더 큰 고통을 야기한다는 것이다.[23] 심리적 고통을 피하려고만 하지 말고 담담히 수용해서 자신의 생각을 있는 그대로 바라보게 되면 오히려 과거나 미래의 일에 집착하기보다는 현재에 집중할 수 있다고 한다.

수용전념치료와 유사한 맥락에 있는 심리치료 프로그램으로 마음챙김mindfulness이 있다. 동양의 명상이 접목된 프로그램으로 일종의 정신수련 과정과 비슷하다. 마음챙김의 핵심 가운데 하나는 현재 일어나고 있는 일과 경험에 대해 '판단'하지 않고 그저 주의를 기울이기만 하는 것이다. 자신의 경험에 대해 비관하거나 비난하지 않고 그저 경험을 관찰하고 수용하는 것이다.

마음챙김 프로그램은 참여자가 연민과 수용의 태도로 변하는 과정을 경험하고 세상과 자신에 대해 공감하며 따뜻한 태도를 갖게 하는 것을 목표로 한다.[24] 훈련을 통해 외부의 사건들과 자신을 한 발 떨어져 볼 수 있게 된다면, 부정적인 감정이 생기더라도 휘둘리지 않을 것이다. 핵심은 어떤 나쁜 일들이 일어나도, 그것이 주는 감정에 매몰되지 않는 것이다. 지옥은 사실 내 마음 속에 있다고 하지 않던가.

특히 마음챙김은 우울의 원인으로 지목되는 반추하기에 효과가 좋다고 한다. 앞서 봤듯 반추하기는 우울을 증가시키는데, 개인이 그런 성향이 높더라도 마음챙김을 할 수 있다면 반추하기의 부정적 효과가 감소한다는 것이다.[25] 자신이 겪은 일들과 거리를 둘 수 있다면 슬픈 감정에 빠져서 허우적거리는 일이 줄어들 것이다.

받아들이기와 내려놓기는 인생의 지혜이기도 할 것이다. 그것이 나를 괴롭히는 감정이든, 관계이든, 현실이든, 받아들이면 마음의 평화를 찾을 수 있다. 일/가정 양립, 취업스트레스, 돌봄노동으로 괴로운 사람도 마음챙김의 노하우를 안다면 우울로 가는 길에서 벗어날 수 있다. 정신건강이 위험한 집단에 정책적으로 마음챙김과 같은 심리서비스를 제공하는 것을 나쁘다고만 볼 수는 없다.

그러나 과연 이것이 여성들이 처한 문제를 진정으로 해결하는 길인지는 역시 의문이다. 평생 이어져온 돌봄노동으로 힘든 여성에게 진짜 필요한 것은 돌봄노동을 누군가와 나누는 일이지 마음챙김과 같은 감정조절 전략은 아닐 것이다.

심리치료 프로그램뿐 아니라 시중에 나온 많은 책들이 심리적 고통을 느끼는 것은 당연하다고 말한다. 살면서 우울과 불안을 느끼는 것은 자연스러운 일이며 삶은 고뇌이고 누구나 고통을 당한다고 이야기한다. 맞는 이야기다. 완벽한 삶은 없다. 예로부터 인생은 고해라고 하지 않던가. 듣고 있자면 위로가 된다. '그래 맞아 나만이 아니야. 원래 인생은 다 그런 거야'라고 생각하면 그래도 우울함이 조금은 가신다. 게다가 나 혼자만이 아니라는 자각은 내 문제가 곧 사회적 문제임을 깨닫는 중요한 경로다.

그러나 그 자각이 단지 위안으로만 끝난다면? 현실에는 아무 변화도 일어나지 않을 뿐 아니라 오히려 현실을 바로 볼 수 없게 한다. 누구나 인생의 고난을 경험하는 것은 사실이지만 그 고통의 정도가 같은 것은 아니다. 고통의 불평등을 바로 보지 않는다면 해결의 길도 보이지 않는다.

3

우울증에 대한 사회적 처방

사회적 처방이 필요한 이유

항우울제와 심리치료가 우울한 개인에게 도움이 된다 해도 이를 해결책이라 할 수는 없다. 이유는 명확하다. 그것을 통해 현재 괴로운 사람들을 치료한다고 하더라도 사회적 환경에 변화가 없는 이상 새로운 환자는 계속 생길 것이기 때문이다. 그래서야 여성과 남성의 정신건강 격차도 줄어들 이유가 없다.

아동학대를 예로 들어보자. 많은 사람들이 아동학대 문제를 해결하기 위해서 가해자에 대한 강력한 처벌, 피해아동에 대한 지원과 보호가 필요하다고 생각할 것이다. 물론 이 두 가지도 필요하다. 그러나 그것이 아동학대가 발생하는 것 자체를 줄이지는 못한다. 아동학대가 애초에 일어나지 않게끔 하는 예방이 필요하며 이는 아동에 대

[도표] 감정분포의 이동

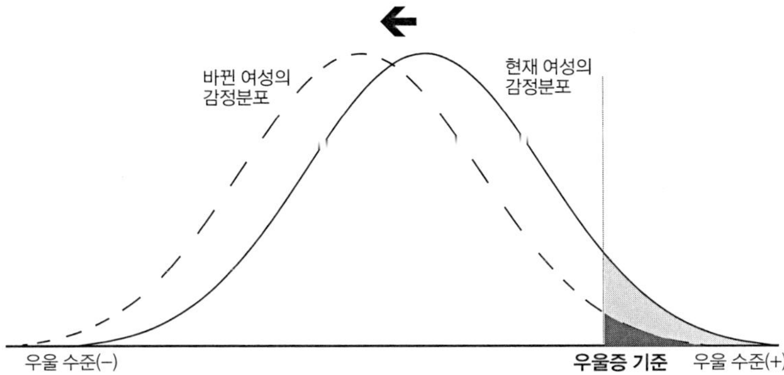

한 체벌금지, 양육을 지원하는 정책, 아동을 독립적인 인격체로 바라보는 문화 등이 확산될 때 가능하다. 특히 체벌을 훈육의 일환으로 생각하는 문화가 보편적인 사회일수록 아이가 학대에 노출될 가능성이 커진다. '사랑의 매'라고 정당화할 수 있는 가능성이 높을 때 많은 아이들이 훈육과 폭력의 경계에 서게 되기 때문이다.

정신건강도 마찬가지이다. 항우울제와 심리치료는 지금 아픈 사람에게는 의미가 있지만 예방책·해결책이 될 수는 없다. 여성들이 처한 사회적 현실을 개선함으로써 현재 우리나라 여성들의 감정분포를 옮겨야 한다. 그렇지 않다면 환자는 계속 발생할 뿐만 아니라 앞으로 그 절대적 숫자도 더 증가할 것이다. 여성들의 가치관과 욕구는 변화하는데 사회적 환경이 그에 따라 변화하기는커녕 정체되어 있다면 여성들이 느끼는 심리적 갈등과 긴장은 더 커질 수밖에 없다.

최근 젊은 여성들 사이에서 우울증이 크게 늘고 있는 것은 여성들의 변화에 사회가 부응하지 못하고 있다는 방증일 것이다. 사회적 변화 없이 예방은 불가능하다. 의학적·심리적 처방을 넘어서 사회적 처방이 필요하다.

길은 있다

국민의 우울 수준은 나라마다 다르다. 어떤 나라 국민의 우울 수준이 낮을까? 뻔한 대답이지만, 경제가 비교적 안정되어 있고 불평등이 낮으며 복지가 잘 되어 있는 나라다. 반대로 일자리가 불안정하고, 불평등과 양극화가 심하고, 복지체계가 미흡한 나라 사람들은 전반적으로 불행하다 느끼고 우울하다.

그런데 성별에 따른 정신건강의 격차도 나라마다 다르다. 대체로 여성이 남성보다 더 우울한 건 동일하지만 그 차이의 정도가 다른 것이다. 이는 지위와 권력, 범죄 피해 가능성 등 여러 측면에서 여성이 남성보다 열악한 현실이 전세계적으로 보편적이긴 하지만, 이와 동시에 국가별로 다른 사회구조적·문화적 특성이 격차에 영향을 미친다는 의미로 볼 수 있다.

그렇다면 어떤 나라에서 여성과 남성의 정신건강 격차가 적을까? 나라와 지역을 비교한 연구에 그 힌트가 있다.

유럽의 23개국을 비교한 연구는 북유럽 국가들이 전체 국민의 우울 수준도 낮고 여성과 남성의 차이도 적다는 것을 보여주었다.[26] 성별에 관계없이 국민의 우울 수준이 낮은 지역은 노르웨이·스위스·아일랜드 등의 북유럽 국가들이었고, 높은 지역은 헝가리·우크라이나·러시아 등의 동유럽 국가들이었다. 남유럽 국가들도 북유럽에 비해 평균 우울 수준이 높았다.

여성이 남성에 비해 훨씬 더 우울한 나라도 동유럽과 남유럽의 국가들이었다. 아일랜드·핀란드 등에서는 성별 차이가 없었고 노르웨이·덴마크 등에서는 여성과 남성의 차이가 매우 작았다. 반면에 포르투갈·스페인 등의 남유럽 국가와 러시아·우크라이나 등의 동유럽 국가에서는 성별 정신건강의 격차가 크게 나타났다. 이러한 차이는 다른 연구에서도 일관되게 나타난다. 유럽에서 여성이 남성보다 훨씬 더 우울한 나라는 스페인·이탈리아 등의 남유럽 국가다.[27]

왜 성별 격차가 이렇게 나라마다 다를까? 여성의 삶을 둘러싼 사회적 환경의 차이에 그 답이 있다. 북유럽 국가들의 공통점은 여성의 경제참여와 노동시장에서의 지위가 높다는 것이다. 많은 여성들이 직업을 가지고 경제활동을 할수록, 성별 소득격차가 작을수록 여성과 남성의 정신건강 격차가 줄어든다. 결국 여성들이 자신의 삶에 대한 더 높은 자율성과 통제력을 가질 수 있을 때 여성의 정신건강 수준은 높아진다고 할 수 있다.

미국 내 지역별 비교연구도 여성의 경제적 자율성이 중요하다는 사실을 보여주었다. 남성과 여성 간에 소득격차가 적은 지역, 여성이 경제 활동을 많이 하는 지역, 여성이 관리직이나 전문직으로 많이 일하는 지역에서 여성의 우울 수준이 낮았다.[28]• 여성의 경제적 참여가 높아지고 성별에 따른 임금·취업 격차가 줄어든다면 여성의 정신건강이 좋아질 수 있다는 이야기다.

그러나 여성의 경제참여나 노동시장의 지위 향상만으로는 부족하다. 동유럽·남유럽 국가도 여성의 경제참여 수준은 전반적으로 높지만 북유럽에 비해서는 정신건강의 성별 격차가 크다. 이에 대해 연구자들은 남유럽과 동유럽은 북유럽 국가보다 전통적인 성역할 규범이 아직까지도 공고한 지역이라는 사실에 주목한다. 이 경우 여성은 경제활동을 많이 하더라도 가정 내 통제력은 낮고, 가사노동과 돌봄노동의 책임과 부담은 줄어들지 않는다.

이러한 맥락에서 두 가지 사회적 처방을 생각해볼 수 있다. 첫번째는 여성의 경제활동을 증진하여 경제적 자율성과 자아실현의 기회를 확대하는 일이다. 이 과정에서 노동시장에 아직까지 존재하는 성차별과 직업분리 현상을 개선해야 할 필요가 있음은 물론이다.

두번째는 전통적 성역할 규범에서 벗어나 일상생활에서도 성평등한 문화와 실천을 확산하는 일이다. 여성이 짊어진 과도한 부담을 줄이고 평등한 가족문화를 만들어갈 필요가 있는 것이다. 여성이 가족돌봄을 전담하는 것은 더 이상 당연한 일이 아니다.

물론 이 두 가지만으로 성별에 따른 정신건강의 격차가 모두 해결

• 흥미로운 점은 여성의 재생산에 대한 권리(임신과 출산에 대한 자율권)가 높은 주에서도 여성 우울이 낮았다는 사실이다. 재생산권도 여성의 삶에 대한 자율성과 통제력의 문제라는 점에서 여성의 정신건강 수준과 긴밀히 연관되어 있는 것으로 보인다.

될 수 없을 것이다. 그럼에도 이 두 가지가 개선될 때 사회 구석구석 여러 부문에서의 '성평등' 수준은 높아질 것이고 그래야 성별 정신건강의 격차도 감소할 수 있다.•

타고난 성별 때문에 자원·기회·경제적 참여가 제한되지 않고, 전통적 성역할 규범에서 벗어나 자아실현을 추구하고, 일/가정 양립을 성취할 수 있는 곳, 뻔하게 들리지만 이루기는 어려운 길, 성평등한 사회에 답이 있다.

남성의 위기와 정신건강

근래에 우리나라 남성의 정신건강에도 위험신호가 감지된다는 이야기가 종종 들려온다. 남성의 우울도 증가하고 있다는 것이다. 물론 여전히 여성보다는 적지만 우울증·공황장애로 진료받는 남성의 수도 계속 증가하고 있다.[29] 병원에 가는 사람들만이 아닌 일반 국민을 대상으로 하는 조사에서도 유사한 양상이 나타난다.[31]

남성의 정신건강이 악화된다는 것은 계속된 경제 불안정과 양극

• 여러 국제기구들이 국가별 성평등 수준을 측정하는데 각기 기준이 다르긴 하지만 공통적인 결과는 북유럽 국가들이 성평등 수준이 높다는 것이다. 일례로 세계경제포럼은 매년 국가별 성격차지수gender gap index를 발표하는데, 노르웨이·핀란드·스웨덴·아일랜드 등 북유럽 국가들이 대부분 상위권을 차지한다. 물론 북유럽 국가도 완벽한 것은 아니라는 점을 인식해야 한다.

화 속에서 남성의 위치가 흔들리고 있다는 사실을 함의한다.

한국뿐 아니라 다른 나라에서도 오랜 기간, 그리고 지금도 남성이 주요 생계부양자 역할을 해왔다(해야 한다고 믿었다). 남성은 밖에서 돈을 벌고 여성은 가정을 돌봐야 한다는 성역할 규범은 자본주의가 도래한 후 오랜 기간 공고하게 지켜지고 있다. 남성은 경제력과 가부장으로서의 권력을 기반으로 사회에서 그리고 가정 내에서 우월한 지위를 유지해왔지만 경제환경이 나빠지고 여성의 경제활동도 증가하면서 그 위치가 흔들리고 있다.

결혼과 출산 후 양육 때문에 직장을 그만두는 것이 주로 여성이란 사실만으로도, 남성 생계부양자 규범이 남성이 아직까지 사회 내에서 남성이 우월적 지위에 있도록 도움이 된다는 것을 알 수 있다. 그러나 남성이 실업과 같은 경제적 지위의 박탈이나 불안정을 경험하게 될 때 역설적으로 남성 생계부양자 규범은 남성의 정신건강을 해칠 수 있다. 가정 내 남성의 권력과 자존심은 경제권력을 기반으로 하는데 실업이나 경제적 불안정은 이에 대한 위협이기 때문이다. 본인이 당연히 주요 생계부양자 역할을 해야 한다고 믿는 남성들은 경제적 위기 앞에서 무력감을 느낀다. 자신이 무능력하며 가치 없는 인간이라고 생각하게 된다. 아버지로서 남편으로서 돈을 벌어 가족을 먹여 살리는 것이 최우선이며, 그것이 남성이 할 중요한 일이라고 생각하는 남성이 현실에서 그렇지 못한다면 괴로움은 더 커진다.

그러나 성평등적 가치관을 갖는 남성들은 경제적 위기 앞에서 치명적인 영향을 받지는 않는다. 보수적인 남성일수록 여성 배우자가 일하는 것을 원하지 않거나 여성 배우자의 지위나 경제력이 더 높을 경우 자존감에 상처를 입는다. '셔터맨'이 남성들의 로망이라는 농담도 있지만, 현실에서는 여성 배우자에게 생계를 맡기는 남성에 대한 부정적인 시각이 여전히 보편적이다. 아직까지 집에서 집안일하고 애 보고 있다고 말하는 건 육아휴직으로 기간이 한정되지 않은 이상 남성들에겐 부끄럽게 느껴지는 일이다.

중년 남성의 경제적 의존도가 만성 스트레스에 어떤 영향을 미치는가를 검토한 연구를 살펴보자.[32] 이 연구는 이성애 커플 중 여성보다 소득이 적은 경우, 즉 가정 내 주요 생계부양자가 아닌 남성의 스트레스가 그렇지 않은 남성에 비해 더 높은가를 조사했다. 그런데 남성의 스트레스는 단순히 자신의 소득이 여성의 소득보다 적은지에 달려 있지 않았다. 그보단 남성들이 가진 성역할 태도가 중요했다. 배우자보다 적게 벌더라도 성평등한 태도를 갖고 있는 남성들은 스트레스 수준이 높지 않지만 보수적 태도를 가질수록 스트레스도 높아진다는 것이다.

남성도 여성과 다름없이 가사노동과 자녀 양육을 해야 한다고 생각하는 남성들은 실제로도 평등한 태도로 일과 가정의 균형을 추구할 가능성이 높고 여성이 돈을 더 벌어 생계를 주로 책임지는 상황을 부끄러워하지 않는다. 결과적으로 남성이 느끼는 심리적 긴장도, 부부갈등의 수준도 낮아질 수 있다. 남성이 주요 생계부양자 역할을 맡아야 한다는 전통적 사고는 현대 사회에서 남성의 정신건강에 위협이 될 수 있다.

기성세대만의 이야기일까? 전통적(보수적) 성역할 태도는 한국의 20~30대 남성들에게도 우울을 증가시킨다.[33] 이제는 남성이 안정된 직장을 가지고 돈을 벌며, 여성은 가정에서 애를 보며 뒷바라지하는 전통적 가족모델은 가능하지 않다. 가뜩이나 취업도 어렵고 경제적으로 안정되기 힘든데, 이런 성역할 태도를 가지고 있는 남성이라면 스트레스는 클 수밖에 없다. 여기에 여성의 사회진출이 증가하는 상황이 맞물리며 보수적인 청년남성들은 더 높은 긴장과 갈등을 느낄 수 있다.

우리나라 청년세대는 여성뿐 아니라 남성도 기성세대와는 다른 환경에서 성장했다. 현재의 청년남성은 가정과 학교에서 자신이 남성이라는 이유로 딱히 대우받았다고 느끼지 않는다. 지금도 기억나는 초등학교 6학년 때 담임선생님의 말씀이 있다. 선생님은 어릴 때는 여학생들이 남학생들보다 공부를 잘하지만 고등학교 가서는 남학생이 훨씬 잘한다, 결국 대학에 잘 가고 성공하는 사람은 남학생이라는 이야기를 하셨다. 수업시간에 그런 이야기를 왜 하셨는지 지금도 알 수 없지만 그 기억만은 선명하게 남아 있다.

지금은 어떠한가? 현재의 청년남성들은 초·중·고를 다니면서 여학생들과 경쟁하고 때때로 비교당했다. 지역별로 차이는 있겠지만, 공학인 경우 학교에서는 여학생들의 성취가 더 높은 경우가 많고, 남학생은 '여학생에 비해 집중하지 못한다' '꼼꼼하지 못하고 내신이 떨어진다' 등의 이야기를 들으며 컸다. 가정 내에서도 마찬가지다. 여전히 남아선호가 남아 있다고 하더라도 가정에서 아들과 딸을 눈에 띄게 차별하는 일은 줄었다.

최소한 가정과 학교라는 공간에서 청년남성들의 눈에 여성에 대한 차별은 보이지 않는다는 것이다. 여성 대상 성범죄의 경우도, 남성들의 입장에서는 안타깝다고 생각은 하더라도 본질적으로 감정이입은 잘 되지 않는 경우가 많다. 게다가 노동시장에서 여성이 겪는 차별을 깨닫고 공감하기에는 자신의 일자리 문제도 급박하다. 남성들이 역차별당하고 있다는 주장은 이런 맥락에서 나온다. 노동시장과 일터에서의 성차별, 전체 생애과정에서 여성들이 겪는 차별은 깨닫기 어려운 상황에서 남성들은 여성들의 권리와 기회는 늘어만 가는데, 자신들은 권리는 줄고 의무만 계속 주어진다고 생각한다.

남성들이 여성보다 경제적 능력이 있어야 하고, 아버지로서 당연히 가족의 생계를 책임져야 하며, 가사나 돌봄보다는 일에 충실해야 한다는 식의 전통적 성역할 규범은 이제 남성에게도 무거운 짐으로 느껴질 수 있다. 오늘날 현실에서 그런 성역할 태도를 가지고 있는 남성은 경제적 위협이 닥칠 때 더욱 높은 수준의 분노, 불안과 우울을 느끼게 된다. 여성도, 남성도, 성역할 규범도 변하는 세상 속에서 함께 변해가야 한다.

함께 일하고 같이 돌보는 사회

가족의 돌봄노동을 보상하고 동시에 성평등을 촉진할 정책에 초점을 맞춰야 한다. 남녀가 모두 시장노동과 가족노동을 결합할 수 있도록 해야 한다. 이는 남성의 돌봄노동에 대한 능력과 여성의 개인적 성취를 위한 능력을 함께 개발하는 새로운 노동 분업을 지향한다.

경제학자 낸시 폴브레Nancy Folbre는 『보이지 않는 가슴』에서 돌봄의 가치를 높이고 돌봄노동에 공적 인정과 마땅한 보상을 제공하는 방법을 고안해야 한다고 주장했다. 낸시 폴브레가 특별히 정신건강의 문제에 초점을 맞춘 것은 아니다. 그러나 폴브레의 주장, 즉 돌봄의 사회적 가치를 인정하고 여성과 남성이 공평하게 돌봄을 부담하는 일은 성별 정신건강의 불평등을 완화하는 데서도 핵심적이다. 더 이상 성별에 따라 일과 돌봄의 영역이 구분되어서는 안 된다.

여성의 경제활동 참여는 더 원활해져야 하고 노동시장 내 성차별과 성별직업분리 문제를 해결하기 위한 노력도 필요하다. 일/가정 양립을 위해서라는 이유로 여성에게만 시간제 노동이나 육아휴직을 확대하는 것은 양육이 여성의 일이라는 생각에 기반한 것이며, 결과적으로 여성의 노동시장 내 위치를 불리하게 하는 효과를 낳는다. 시간제 노동이나 육아휴직이 필요하다면 성별을 떠나서 여성과 남성 모두에게 적용될 수 있어야 한다.

혹시 이러한 방향이 여성의 정신건강을 개선하는 대신 남성의 정신건강에 부정적인 것은 아닐까라고 생각할지도 모르겠다. 그렇지 않다. 여성과 남성이 함께 일하고 같이 돌보는 사회는 두 성 모두에게 좋다.

돌봄은 여성에게만 중요하거나 의미 있는 일이 아니다. 남성에게도 중요한 일이며, 오히려 남성에게 더 의미 있을 수 있다. 경제적으로 불안한 시대에 일과 직장에 지나친 가치를 부여하는 건 남성에 심한 스트레스를 안겨줄 수 있다. 남성이 성평등한 가치관을 가지고 양육과 돌봄에 적극적으로 참여한다면 다른 가치와 의미를 찾을 수 있으리라. 게다가 집안일에 더 적극적으로 참여하는 남성이 노년기에 고립되지 않을 수 있다.

남편의 육아휴직이 가져오는 효과를 예로 들어보자. 남성의 육아휴직은 여성의 우울과 육아 스트레스를 감소시킬 뿐 아니라 아버지는 자녀를 돌보면서 부성애에 눈을 뜨고, 자녀양육 활동을 통해 자녀와 적극적으로 상호작용하게 된다.[34] 그야말로 좀 더 친밀한 관계가 되는 것이다. 적극적인 양육·돌봄 활동은 가족관계를 새롭게 정립하게 하면서 노년기 남성의 외로움과 고립도 완화할 수 있다.

예전 아버지들은 돈을 버는 것으로 아버지의 역할을 다 한다고 믿었고, 가족에게 무심했으며, 자녀와 그리 친밀하지 못했다. 다 큰 아버지와 아들이 대화가 없는 것은 남성이 원래 그런 존재라서 그런 것이 아니다. 대화해본 적이 없고 대화할 거리가 없기 때문이다. 직장과 생계를 이유로 가정에 소홀했던(가사노동과 돌봄으로부터 자유로웠던) 남성은 은퇴 후 '이제는 가족과 잘 지내봐야지'라고 생각하지만 가족 입장에서는 이미 늦은, 반갑지 않고 어색한 일이다. 양육과 가정에 무심했던 남성일수록 노년기에 가족 사이에서 고립되고 취약해진다. 경제력이 없는 남성노인은 급격하게 자신의 존재 의미를 상실하는데 그 빈자리를 채울 가까운 관계도 없기 때문이다.

성역할에 대한 시각과 이에 기댄 삶의 방식을 변화시켜야 한다. 남성과 여성 모두의 인식이 바뀌어야 한다. 기존의 성역할 규범이 여성과 남성의 사회적 불평등과 격차를 크게 하고 여성의 정신건강에(그리고 이제는 일부분 남성의 정신건강에도) 과도한 부담과 긴장을 준다는 사실을 알 필요가 있다.

특히 우리나라에서 가사노동이나 직업과 관련한 규범이 평등한 방향으로 변해왔다고 하더라도, 유독 여전히 강하게 남아 있는 것이 자녀양육에 대한 태도이다. 자녀는 엄마가 주로 전담하여 양육해야 한다는 생각이 보편적이다. 우리나라에서 어머니의 취업은 아이에게 부정적이라는 태도는 여전히 많고, 오히려 여성이 남성보다 더 엄마의 취업이 자녀나 가족에게 부정적인 영향을 미칠 수 있다고 생각하기도 한다.[35] 여성도 성역할 규범에서 자유로울 수 없고 자신의 취업이 아이에게 부정적인 영향을 미칠까 걱정하는 것이다. 이런 상황에서 출산과 양육은 여성에게 무거운 짐으로 다가오고 삶의 많은 부분을 포기하게 만든다.

더불어 남성 생계부양자에 대한 규범도 여전히 강력하다. 실질적으로 남성이 주요 생계부양자가 아닌 경우가 증가하고 있지만, 남성이 집안일을 하고 주요 돌봄제공자가 되는 상황에 대해서는 남성·여성 모두 아직 흔쾌히 받아들이지 못하고 있다.

그러나 남성도 현부양부賢父良夫가 될 수 있어야 한다. 남성이 반드시 생계를 책임져야 할 필요는 없다. 여성이든 남성이든 자신이 원하는 바 혹은 상황에 따라 일하고 돌보는 일을 병행할 수 있어야 한다. 우리에게 필요한 일은 여성에게는 돌봄의 부담을 낮춤으로써 좀 더 많은 자아실현과 경제적 자율성의 기회를 부여하는 것이며, 남성에게는 그동안 외면해왔던 돌봄의 책임을 여성과 공유하는 동시에 친밀한 관계를 원활히 형성하고 유지할 수 있는 기회를 부여하는 것이다. 그래야 남성의 정신건강도 보호될 수 있다.

여성과 남성의 삶은 비슷해져야 한다. 여성의 일, 남성의 일이라고 정해진 것은 없다. 직장(일터와 노동시장)과 가정에서의 성평등을 이룰 때 사회 각 분야로 성평등이 확산될 수 있다. 성평등한 사회는 궁극적으로 여성에게 남성과 동등한 권한(권력)·지위·기회를 부여하는 사회이며, 여성과 남성이 동등한 권한(권력)을 가질 때 여성에 대한 폭력의 문제도 감소할 수 있다. 그럴 때 궁극적으로 성별에 따른 정신건강의 불평등이 개선될 수 있을 것이다.

부록: 자신의 우울 수준 알아보기

흔히 우울증·불안장애 등의 정신질환은 일반적으로 당사자의 주관적 증상인지에 의해 규정되는 것이지 객관적으로 측정 가능한 생물학적 검증방법은 없다. 어떤 상태를 우울증이라고 할 수 있을까? 우울을 측정하는 여러 기준 중에 한 가지를 소개해보겠다.

한국형 PHQ-9Patient Health Questionnaire-9는 우울증상을 측정하는 방법 중 하나로, 지난 2주일간 다음의 증상들로 얼마나 자주 시달렸는지를 묻는 방식이다. 각 문항별 응답에 따라서 점수를 매기고 합쳐서 총 10점 이상인 경우 보통 병원에서 진단하는 우울증으로 구분할 수 있다. 5점~9점을 가벼운 우울 상태로, 20점 이상이면 매우 심한 우울로 구분하기도 한다.

그러나 건강을 연구하는 사회(과)학자들은 몇 점 이상이면 우울증이다 아니다 식으로 판단하지 않으며, 응답한 사람의 점수를 그대로 자료로 사용한다. 그렇게 함으로써 우울증상의 심각성, 즉 사람들이 겪고 있는 고통의 차이를 좀 더 세밀하게 포착할 수 있고, 의학적 기준에서 우울증으로 진단되지 않은 사람들이 가지고 있는 우울이라는 감정의 수준을 파악할 수 있기 때문이다. 또한 서로 다른 집단이 기록하는 평균 점수를 비교하는 식으로 평균적인 우울의 수준을 비교하는 데도 용이하다.

[표] 한국형 PHQ-9

	없음 (0점)	2,3일 이상 (1점)	7일 이상 (2점)	거의 매일 (3점)
1) 잠들기 어렵거나 자꾸 깨어남, 또는 너무 많이 잠				
2) 피곤감, 기력이 저하됨				
3) 식욕 저하 또는 과식				
4) 일을 하는 것에 대한 흥미나 재미가 거의 없음				
5) 가라앉은 느낌, 우울감 또는 절망감				
6) 내 자신이 나쁜 사람이라는 느낌. 또는 내 자신을 실패자라고 느끼거나, 나 때문에 나 자신이나 내 가족이 불행하게 되었다는 느낌				
7) 신문을 읽거나 TV를 볼 때 집중하기 어려움				
8) 남들이 알아챌 정도로 거동이나 말이 느림. 또는 반대로 너무 초조하고 안절부절 못해서 평소보다 많이 돌아다니고 서성거림				
9) 나는 차라리 죽는 것이 낫겠다는 등의 생각 또는 어떤 면에서건 내 스스로에게 상처를 주는 생각들				

주

들어가며

1) 『헬스조선』, 2021년 3월 10일, 「코로나 블루, 2030 여성이 가장 많이 겪었다」

2) 서울시NPO지원센터. 2020년 11월 24일, 「[이슈클리핑] 20대 여성 자살률 급증」

1부

1) 『서울신문』, 2020년 7월 31일, 「북한 평균 기대수명 72세…남한보다 10살 낮다」

2) 김명희, 2019, "포용복지와 건강정책의 방향," 『보건복지포럼』 278: 30-43.

3) Selye, H., 1956, *The Stress of Life*, New York: McGraw-Hill.

4) Pearlin, L. I., 1989, "The Sociological Study of Stress," *Journal of Health and Social Behavior* 30: 241-256.

5) Dannefer, D., 2003., "Cumulative Advantage/Disadvantage and the Life Course: Cross-fertilizing Age and the Social Science Theory," *Journal of Gerontology: Social Sciences*, 58B: S327-S337.

6) C. 라이트 밀즈, 2009[1959], 『사회학적 상상력』, 강희경 · 이해찬 역, 돌베개.

7) 강웅구 · 김혜수, 2014, 「정신과 진단체계에 대한 역사적 고찰: 우울증 개념을 중심으로」, *Journal of Korean Neuropsychiatry Association* 53(5): 259-292.

8) Bird, C. E. and Rieker, P. P., 2008, *Gender and Health: The Effects of Constrained Choices and Social Policies*, Cambridge University Press.

9) 사라 네틀턴, 1995, 『건강과 질병의 사회학』, 조효제 역, 한울아카데미.

10) KOSIS, 2020년 10월 6일, 「기대수명」

11) E-나라지표, 「정신질환 유병률」(http://www.index.go.kr/potal/main/EachDtlPageDetail.do?idx_cd=1441)

12) Mirowsky, J. and Ross, C. E., 2002, "Measurement for a Human Science," *Journal of Health and Social Behavior* 43(2): 152-170.

13) Bird, C. E. and Rieker, P. P., 2008, *Gender and Health: The Effects of Constrained Choices and Social Policies*, Cambridge University Press.

14) 대검찰청, 2020, 『2019 마약류범죄백서』.

15) Bird, C. E. and Rieker, P. P, 2008, *Gender and Health: The Effects of Constrained Choices and Social Policies*. Cambridge University Press.

16) 『서울경제』, 2017년 10월 16일, 「청소년 알코올 중독 5년간 7,800명… 13살 때 첫 음주」

17) 『메디컬타임즈』, 2019년 10월 7일, 「[알코올연구회]늘어나고 있는 대한민국 음주량 실태는?」

18) Spicer, R. S. and Miller, T. R., 2000, "Suicide Acts in 8 States: Incidence and Case Fatality Rates by Demographics and Method," *American Journal of Public Health* 90(12): 1885-1891.

19) 같은곳.

2부

1) 에릭 캔델, 2018, 『마음의 오류들』, 이한음 역, 알에이치코리아.

2) 앨런 프랜시스, 2014[2013], 『정신병을 만드는 사람들』, 김명남 역. 사이언스북스.

3) 김규성·정주현·이우철, 2017, 「뇌파 측정 신호를 이용한 우울증 진단장치 개발」, 『한국산학기술학회논문지』 18(12): 452-458.

4) 앨리스 코브, 2015, 『우울할 땐 뇌과학』, 정지인 역, 푸른숲.

5) 같은책.

6) 김혜금·천은진. 2015, 「우울증의 생체 지표」, 『생물치료정신의학』 21(2): 81-94.

7) 박혜경, 2012, 「우울증의 생의학적 의료화 형성과정」, 『과학기술학연구』 12(2): 117-157.

8) 캘리 브로건, 2020[2016], 『우울증 약이 우울증을 키운다』, 곽재은 역, 쌤앤파커스.

9) 이화경·함병주, 2013, 「스트레스와 정신질환」, *Journal of Korean Medical Association* 56(6): 471-477.

10) 앨리스 코브, 2015, 『우울할 땐 뇌과학』, 정지인 역, 푸른숲.

11) Ferdowsian, H. R. et al., 2001, "Signs of Mood and Anxiety Disorders in Chimpanzees," *PLoS One* 6(6): e19855.

12) 코넬리아 파인, 2018, 『테스토스테론 렉스: 남성성 신화의 종말』, 한지원 역, 딜라일라북스.

13) Nolen-Hoeksema, S., 2001, "Gender Differences in Depression," *Current Directions in Psychological Science* 10(5): 173-175.

14) 강민철·김수임·김동민, 2012, 「산후우울증 유병율 및 관련요인에 대한 메타연구: 사회적 지지와 양육스트레스를 중심으로」, 『상담학연구』 13(1): 149-168.

15) Danker, R. et al., 2000, "Cultural Elements of Postpartum Depression. A Study of 327

Jewish Jerusalem Women," *Journal of Reproductive Medicine* 45(2): 97-104.
16) Gurudatt, N., 2014, "Postpartum Depression in Working and Non-working Women," IPEDR 78: 69-73.
17) Lewis, B. et al., 2017, "The Relationship between Employment Status and Depression Symptomatology among Women at Risk for Postpartum Depression," *Women's Health* 13(1): 3-9.
18) Jung, S. et al., 2015, "Hormone-related Factors and Post-menopausal Onset Depression: Results from KNHANES (2010-2012)," *Journal of Affective Disorders* 175: 176-183.
19) 김애경, 2008, 「중년 여성의 폐경 경험에 대한 근거 이론적 접근」, 『기본간호학회지』 15(3): 321-331.
20) Miller, M. N. and Pumariega, A. J., 2001, "Culture and Eating Disorders: A Historical and Cross-Cultural Review," *Psychiatry* 64(2): 93-110.
21) Dell'Osso, L. et al., 2016, "Historical Evolution of the Concept of Anorexia Nervosa and Relationships with Orthorexia Nervosa, Autism, and Obsessive-compulsive Spectrum," *Neuropsychiatric Disease and Treatment* 12: 1651-1660.
22) 최화선, 2017, 「중세 여자 성인들의 음식, 몸, 물질의 종교: 캐롤라인 워크 바이넘의 저작을 중심으로」, 『종교문화비평』 32: 91-124.
23) 윤민우, 2010, 「여성의 몸·여성의 주체성—중세여성 명상가와 여성으로서의 예수」, 『영어영문학』 56(4): 639-666.
24) Dell'Osso, L. et al., 2016, "Historical Evolution of the Concept of Anorexia Nervosa and Relationships with Orthorexia Nervosa, Autism, and Obsessive-compulsive Spectrum," *Neuropsychiatric Disease and Treatment* 12: 1651-1660.
25) Becker, A. E. et al., 2002, "Eating Behaviors and Attitudes Following Prolonged Exposure to Television among Ethnic Fijian Adolescent Girls," *The British Journal of Psychiatry* 180(6): 509-514.
26) 국민건강보험공단, 2020, 『질병통계』
27) 김지연 외, 2009, 「여자 중학생들의 체형 만족도에 따른 비만 스트레스, 체중 조절 태도, 식이장애 정도 비교」, 『대한가정학회지』 47(4): 49-59.
28) Suchan, B. et al., 2010, "Reduction of Gray Matter Density in the Extrastriate Body Area in Women with Anorexia Nervosa," *Behavioural Brain Research* 206(1): 63-67.
29) Garnefski, N. et al., 2001, "Negative Life Events, Cognitive Emotion Regulation and

Emotional Problems," *Personality and Individual Differences* 30(8): 1311-1327.

30) Kraaij, V. et al., 2003, "Negative Life Events and Depressive Symptoms in Late Adolescence: Bonding and Cognitive Coping as Vulnerability Factors?," *Journal of Youth and Adolescence* 32(3): 185-193

31) McBride, C. and Bagby, R. M., 2006, "Rummination and Interpersonal Dependency: Explaining Women's Vulnerability to Depression," *Canadian Psychology* 47(3): 184-194.

32) Treynor, W. et al., 2003, "Rumination Reconsidered: A Psychometric Analysis," *Cognitive Therapy and Research* 27(3): 247-259.

33) Spasojevic, J., & Alloy, L. B., 2002, "Who Becomes a Depressive Ruminator? Developmental Antecedents of Ruminative Response Style," *Journal of Cognitive Psychotherapy* 16: 405-420.

34) Matud, M. P., 2004, "Gender Differences in Stress and Coping Styles," *Personality and Individual Differences* 37(7): 1401-1415

35) Treynor, W. et al., 2003, "Rumination Reconsidered: A Psychometric Analysis," *Cognitive Therapy and Reserach* 27(3): 247-259.

36) Gosling, S. D. et al., 2003, "A Very Brief Measure of the Big-five Personality Domains," *Journal of Research in Personality* 37: 504 - 528.

37) Lee, M. and Song, R., 2017, "Childhood Abuse, Personality Traits, and Depressive Symptoms in Adulthood," *Child Abuse & Neglect* 65: 194-203.

38) Costa Jr., P. T. et al., 2001, "Gender Differences in Personality Traits across Cultures: Robust and Surprising Findings," *Journal of Personality and Social Psychology* 81(2): 322-331.

39) Weisberg, Y. J. et al., 2011, "Gender Differences in Personality across the Ten Aspects of the Big Five," *Frontiers in Psychology* 2(178): 1-11.

40) 김신희 외, 2005, 「유방암 진단 후 보이는 우울증상과 기질 및 성격특성에 대한 연구」, 『정신병리학』 14(1,2): 46-52.

41) Elwert, F. and Christakis, N. A., 2006, "Widowhood and Race," *American Sociological Review* 71:16-41.

42) Lee, G. R., DeMaris, A. Bavin, S., and Sullivan, R., 2001, "Gender Differences in the Depressive Effect of Widowhood in Later Life," *Journal of Gerontology* 56B: S56-61.

43) 이민아, 2010, 「결혼상태에 따른 노인의 우울도와 성차」, 『한국사회학』 44(4): 32-62.

44) Lee, M., 2015, "Living Arrangements and Life Satisfaction of Korean Older Adults: Differential Effects of Transition to Living Alone across Men and Women?," *Korean Journal of Sociology* 49(3): 147-162.

45) 통계청, 『사망원인통계』.

46) 송태정 외, 2005, 『자살, 이혼, 범죄 그리고 경제』, LG경제연구원.

47) 보건복지부, 2005년 9월, 『자살예방 5개년 종합대책 - 세부추진계획-』

48) 보건복지부 중앙자살예방센터, 2020, 『2020 자살예방백서』

49) Van de Velde, S. et al., 2010, "Gender Differences in Depression in 23 European Countries. Cross-national Variation in the Gender Gap in Depression," *Social Science & Medicine* 71: 305-313.

50) 리차드 윌킨슨, 2008[2005], 『평등해야 건강하다』, 김홍수영 역, 후마니타스.

51) Pickett, K. E. & Wilkinson, R. G., "Income Inequality and Health: A Causal Review," *Social Science & Medicine* 128: 316-32.

52) Burns, J. K. et al., 2014, "Income Inequality and Schizophrenia: Increased Schizophrenia Incidence in Countries with High Levels of Income Inequality," *International Journal of Social Psychiatry* 60(2): 185-196.

53) Williams, E. et al., 2015, "Depressive Symptoms are Doubled in Older British South Asian and Black Caribbean People Compared with Europeans: Associations with Excess Co-morbidity and Socioeconomic Disadvantage," *Psychological Medicine* 45(9): 1861-1871.

54) National Institutes of Health, 2018. 5. 24. "African Americans and Latinos are More likely to Be at Risk for Depression than Whites."

55) Pearlin, L. I. et al., 1981, "The Stress Process," *Journal of Health and Social Behavior* 22(4): 337-356.

56) Link, B. G. and Phelan, J., 1995, "Social Conditions as Fundamental Causes of Disease," *Journal of Health and Social Behavior* Extra Issue 80-94.

57) House, J. S., 2002, "Understanding Social Factors and Inequalities in Health: 20th Century Progress and 21st Century Prospects," *Journal of Health and Social Behavior* 43(2): 125-142.

58) Pearlin, L. I., 1989, "The Sociological Study of Stress," *Journal of Health and Social Behavior* 30: 241-256.

3부

1) 전혜영, 2006, 「언어 사용자의 성별과 발화 특성」, 『한국어학』 31: 47-70.

2) 낸시 초도로우, 2008[1999], 『모성의 재생산』, 김민예숙·강문순 역, 한국심리치료연구소.

3) Zahn-Waxler, C., 2000, "The Development of Empathy, Guilt, and Internalization of Distress: Implications for Gender Differences in Internalizing and Externalizing Problems. In R. Davidson (Ed.), *Wisconsin Symposium on Emotion: Vol. 1. Anxiety, Depression and Emotion*, pp, 222–265, Oxford, England: Oxford University Press.

4) 강준혁·이혁구·이근무, 2015, 「자살관념 극복에 관한 연구: 자살 고위험집단을 중심으로」, 『보건사회연구』 35(3): 103-134.

5) 보건복지부, 『2018 자살실태조사』

6) 『한겨레21』, 2020년 7월 19일, 「현관문 옆방은 K-장녀 방이다」

7) Lee, M., 2016, "Social Relationships, Depressive Symptoms, and Suicidality in Korea: Examining Mediating and Moderating Effects in Men and Women," *International Journal of Social Psychiatry* 62(1): 67-75.

8) Birditt, K. S., & Fingerman, K. L., 2003, "Age and Gender Differences in Adults' Descriptions of Emotional Reactions to Interpersonal Problems," *The Journals of Gerontology, Series B: Psychological Sciences & Social Sciences* 58, 237–245.

9) Christakis, N. A. and Fowler, J. H., 2007, "The Spread of Obesity in a Large Social Network over 32 Years," *The New England Journal of Medicine* 357: 370-379.

10) Christakis, N. A. and Fowler, J. H., 2008, "The Collective Dynamics of Smoking in a Large Social Network," *The New England Journal of Medicine* 358: 2249-2258.

11) 김영택 외, 2009, 『여성자살 현황 및 정책방안』, 한국여성정책연구원.

12) 박지영, 2010, 「자살로 가족을 잃은 유가족의 생존경험에 관한 해석학적 현상학 사례연구」, 『정신보건과 사회사업』 36: 203-231.

13) 하규섭 외, 2016, 『자살유가족 지원체계 확립을 위한 기초연구』, 보건복지부.

14) Lee, M., Kim, S. and Shim, E., 2012, "Exposure to Suicide and Suicidality in Korea: Differential Effects across Men and Women?," *International Journal of Social Psychiatry* 59(3): 224-231.

15) 마이클 마멋, 2012[2004], 『사회적 지위가 건강과 수명을 결정한다』, 에코리브르.

16) Marmot, M. G. and Brunner, E., 2005, "Cohort Profile: The Whitehall II Study," *International Journal of Epidemiology* 34: 251-256.

17) Martikainen, P. et al., 1999, "Determinants of Socioeconomic Differences in Change

in Physical and Mental Functioning," *Social Science & Medicine* 49: 499-507.

18) Griffin, J. M. et al., 2002, "The Importance of Low Control at Work and Home on Depression and Anxiety: Do These Effects Vary by Gender and Social Class?," *Social Science & Medicine* 54: 783-398.

19) 위키백과. 접속일자: 2020년 10월 6일

20) 김창환·오병돈, 2019, 「경력단절 이전 여성은 차별받지 않는가?」, 『한국사회학』 53(1): 167-204.

21) 통계청·여성가족부, 『2020 통계로 보는 여성의 삶』.

22) 허은, 2013, 「노동시장 계층별 성별직업분리에 관한 연구: 수직적/수평적 분리를 중심으로」, 『한국사회학』 47(2): 241-266.

23) 알리 러셀 혹실드, 2009, 『감정노동: 노동은 우리의 감정을 어떻게 상품으로 만드는가』, 이가람 역, 이매진.

24) Berkman, L. F. et al., 2014, *Social Epidemiology*, Oxford university press.

25) 『동아일보』, 2020년 10월 08일, 「강경화 "남편, 말린다고 말려질 사람 아니다"」

26) Chandola, T. H. et al., 2004, "The Effect of Control at Home on CHD Events in the Whitehall II Study: Gender Differences in Psychosocial Domestic Pathways to Social Inequalities in CHD," *Social Science & Medicine* 58:1501-1509.

27) Griffin, J. M. et al., 2002, "The Importance of Low Control at Work and Home on Depression and Anxiety: Do These Effects Vary by Gender and Social Class?," *Social Science & Medicine* 54: 783-398.

28) 이명신·부수현, 2019, 「중년부부의 갈등인식정도, 갈등해결전략, 책임분담에 따른 군집유형 비교: 부부권력, 결혼만족과 스트레스의 차이」, 『사회복지 실천과 연구』 16(2): 43-80.

29) 악셀 호네트, 2011[1992], 『인정투쟁』, 문성훈·이현재 역, 사월의 책.

30) 박수호·이민정, 2013, 「행복 요인으로서의 사회적 인정」, 『사회와이론』 361-391.

31) McBride, A. B., 1988, "Mental Health Effects of Women's Multiple Roles," Image: *Journal of Nursing Scholarship* 20(1): 41-47.

32) Nordenmark, M., 2004, "Multiple Social Roles and Well-Being," *Acta Sociologica* 47(2): 115-126.

33) Simon, R. W., 1995, "Gender, Multiple Roles, Role Meaning, and Mental Health," *Journal of Heath and Social Behavior* 36: 182-194.

34) 알리 러셀 혹실드, 2001[1989] 『돈 잘 버는 여자 밥 잘 하는 남자』, 백영미 역, 아침이슬.

35) Lundberg, U., 2005, "Stress Hormones in Health and Illness: The Roles of Work and

Gender," *Psychoneuroendocrinology* 30: 1017-1021.

36) 김진욱·고은주, 2015, 「시간압박, 누가 얼마나 경험하는가? 한국 기혼부부의 수면, 개인관리, 여가시간 결핍 결정요인 분석」, 『사회복지정책』 42(2): 135-161.

37) 이민욱·김지선·정슬기, 2018, 「자녀가 있는 여성의 시간빈곤과 정신건강: 스트레스의 매개효과와 소득의 조절된 매개효과」, 『한국가족복지학』 62: 39-69.

38) Leupp, K., 2019, "Even Supermoms Get the Blues: Employment, Gender Attitudes, and Depression," *Society and Mental Health* 9(3): 316-333.

39) 같은곳.

40) Frech, A., and Damaske, S., 2012, "The Relationships between Mother's Work Pathways and Physical and Mental Health," *Journal of Health and Social Behavior* 53(4): 396-412.

41) Kang, J. and Jang, S., 2020, "Effects of Women's Work-Family Multiple Role and Role Combination on Depressive Symptoms in Korea," *International Journal of Environmental Research and Public Health* 17, DOI:10.3390/ijerph17041249

42) 손수민, 2012, 「영아기 자녀를 둔 취업모와 비취업모의 양육 스트레스 비교와 관련변인에 관한 연구」, 『미래유아교육학회지』 19(1): 331-357.

43) 임현주, 2013, 「어머니의 취업유형에 따른 영아의 기질, 어머니의 심리적 특성, 양육방식의 차이 연구」, 『육아정책연구』 7(2): 190-214.

44) 필립 아리에스, 2003[1960], 『아동의 탄생』, 새물결.

45) 이민아, 2013, 「계획적 무자녀 가족: 한국 사회에서 아이 갖기의 의미와 가족주의의 역설」, 『한국사회학』 47(2): 143-176.

46) J. Homes, 2005[1993], 『존 볼비와 애착이론』, 이경숙 역, 학지사.

47) 같은책.

48) 같은책.

49) Roxburgh, S. et al., 2001, "The Value of Children, Parenting Strains, and Depression among Urban African American Mothers," *Sociological Forum* 16(1): 55-72.

50) 같은곳.

51) Gunderson, J and Barrett, A., 2017, "Emotional Cost of Emotional Support? The Association between Intensive Mothering and Psychological Well-being in Midllife," *Journal of Family Issues* 38(7): 992-1009.

52) Rizzo, R. M. et al., 2013, "Insight into the Parenthood Paradox: Mental Health Outcomes of Intensive Mothering," *Journal of Child and Family Studies* 22: 614-

620.

53) Hays, S., 1996, *The Cultural Contradictions of Motherhood*. Yale University Press

54) 이진희 · 배은, 2013, 「완벽성의 강박에서 벗어나 충분히 좋은 어머니(good-enough mother)로: 위니캇의 유아정서발달이론과 어머니노릇을 중심으로」, 『페미니즘 연구』 13(2): 35-75.

55) 신송이, 2016, 「모성 이데올로기로 인한 양육 초기여성의 어려움」, 『연세상담코칭연구』, 6: 57-80.

56) Henderson, A. et al., 2016, "The Price Mothers Pay, Even When They Are Not Buying It: Mental Health Consequences of Idealized Motherhood," *Sex Roles* 74: 512-526.

57) 울리히 벡 · 엘리자베스 벡-게른샤임, 1999, 『사랑은 지독한, 그러나 너무나 정상적인 혼란』, 강수영 · 권기동 · 배은경 역, 새물결.

58) 박종서 외, 2014, 『출산 및 양육의 사회 · 문화적 환경 분석』, 한국보건사회연구원.

59) 전영상 · 최영신, 2017, 「학업성적이 부모와 자신의 행복에 미치는 영향」, 『청소년학연구』 24(2): 473-490.

60) 김미숙 · 상종열, 2015, 「중산층 주거지역의 자녀교육과 이웃효과: 분당구 사례」, 『한국교육사회학회 학술대회자료집』, 23-54.

61) 박혜경, 2009, 「한국 중산층의 자녀교육 경쟁과 '전업 어머니' 정체성」, 『한국여성학』 25(3): 5-33.

62) 최인희, 2012, 「여성노인의 배우자 돌봄: 어떻게 여성노인의 부양부담을 경감시킬 것인가?」, 한국여성정책연구원.

63) 한경혜 · 이서연, 2009, 「배우자 부양자의 부양 동기, 사회적 지지와 부양 부담: 성별 차이를 중심으로」, 『한국노년학』, 29(2): 683-699.

64) 최인희, 2012, 「여성노인의 배우자 돌봄: 어떻게 여성노인의 부양부담을 경감시킬 것인가?」, 한국여성정책연구원.

65) 한경혜 · 이서연, 2009, 「배우자 부양자의 부양 동기, 사회적 지지와 부양 부담: 성별 차이를 중심으로」, 『한국노년학』, 29(2): 683-699.

66) 김은정, 2018, 「손자녀 양육지원을 거부한 조모의 경험에 관한 연구」, 『한국가족복지학』 62: 71-102.

67) 통계청, 2020, 『한국의 사회동향 2019』.

68) Caputo, J. and Pavalko, E. K., 2016, "The Long-term Effects of Caregiving on Women's Health and Mortality," *Journal of Marriage and Family* 78: 1382-1398.

69) 최인희, 2012, 「여성노인의 배우자 돌봄: 어떻게 여성노인의 부양부담을 경감시킬 것인

가?」, 한국여성

70) 신수진, 2016, 「손자녀 돌봄여부에 따른 60대 여성노인의 우울, 영양관리상태, 삶의 만족도의 차이」, 『여성건강』 17: 97-109.

71) 류한소·이민아, 2019, 「노인의 '혼밥'과 우울의 관계: 성차를 중심으로」, 『조사연구』 20(1): 1-27.

72) 『뉴시스』, 2020년 3월 24일, 「신림동 주거침입, 2심도 강간미수 무죄… 법원 "나무를 봐야"」

73) Thurston et al., 2019, "Association of Sexual Harassment and Sexual Assault with Midlife Women's Mental and Physical Health," *JAMA Internal Medicine* 179(1): 48-53.

74) Dario, L. M. and O'Neal, E. N., 2018, "Do the Mental Health Consequences of Sexual Victimization Differ Between Males and Females? A General Strain Theory Approach," *Women & Criminal Justice* 28: 19-42.

75) Choudhary, E., Smith, M. and Bossarte, R. M., 2012, "Depression, Anxiety, and Symptom Profiles among Female and Male Victims of Sexual Violence," *American Journal of Men's Health* 6(1): 28-36.

76) Yehuda, R., 2002, "Post-traumatic Stress Disorder," *The New England Journal of Medicine* 346: 108-114.

77) Young, M. S. et al., 2007, "The Relationship between Childhood Sexual Abuse and Adult Mental Health among Undergraduates: Victim Gender Doesn't Matter," *Journal of Interpersonal Violenc*, 22(10): 1315-1331.

78) Cutler, S. and Nolen-Hoeksema, S., 1991, "Accounting for Sex Differences in Depression through Female Victimization: Childhood Sexual Abuse," *Sex Roles* 24: 425-438.

79) Gavranidou, M. and D.Phil, R. R., 2003, "The Weaker Sex? Gender and Post-traumatic Stress Disorder," *Depression and Anxiety* 17: 130-139.

80) Ross, C., 2011, "Collective Threat, Trust, and the Sense of Personal Control," *Journal of Health and Social Behavior* 52(3): 287-296.

81) Wallace, D., 2012, "Examining Fear and Stress as Mediators between Disorder Perceptions and Personal Health, Depression, and Anxiety," *Social Science Research* 41(6): 1515-1528.

82) Ferraro, K. F., "Women's Fear of Victimization: Shadow of Sexual Assault?," *Social*

Force 75: 667-690.
83) Rader, N. E. and Haynes, S. H., 2011, "Gendered Fear of Crime Socialization: An Extension of Arker's Social Learning Theory," *Feminist Criminology* 6(4): 291-307.
84) 김지선, 2004, 「자녀의 범죄피해에 대한 부모의 두려움」, 『피해자학연구』 12(1): 25-58.
85) Rader, N. E. and Haynes, S. H., 2011, "Gender Fear of Crime Socialization: An Extension of Akers's Social Learning Theory," *Feminist Criminology* 6(4): 291-307.
86) 권인숙·이건정, 2013, 「여성의 성폭력 두려움에 대한 연구: 여대생을 대상으로」, 『한국여성학』 29(3): 181-210.
87) 권인숙·이화연, 2011, 「성폭력 두려움과 사회통제: 언론의 아동 성폭력 사건 대응을 중심으로」, 『아시아여성연구』 50(2): 85-118.
88) 이민아, 2020, 「범죄피해에 대한 두려움과 주관적 안녕: 성별에 따라 무엇이, 어떻게 다른가?」, 『여성연구』 181-208.
89) 『아시아경제』, 2019년 7월 12일, 「'성 상품화 논란' 2019 미스코리아 대회, 어떻게 생각하세요
90) 이정희, 2014, 「일·가족 양립 문제의 시대적 변화에 대한 고찰」, 『여성연구』 86(1): 281-324.
91) 『국제신문』, 2018년 4월 26일, 「여학생 학업성취도, 전 영역에서 남학생보다 우수」
92) 교육부·한국교육개발원, 2019, 『2018년 고등교육기관 졸업자 취업통계 조사결과 발표』
93) 알리 러셀 혹실드, 2001[1989], 『돈 잘버는 여자 밥 잘 하는 남자』, 백영미 역, 아침이슬.
94) 함인희, 2014, 「일상의 해부를 위한 앨리 혹실드의 개념 도구 탐색: 감정노동부터 아웃소싱 자아까지」, 『사회이론』 297-330.
95) 『여성신문』, 2018년 11월 1일, 「성차별 채용 감시할 정부 감독기구 필요」
96) 신하영, 2017, 「청년 여성의 일 경험과 일자리: 서울시 청년 여성 사례를 중심으로」, 사회정책연합학술대회.
97) E-나라지표, 「여성 경력단절 규모」
98) 『한겨레』, 2020년 6월 30일, 「노동자 대비 임원 수 남녀 격차 7.3배나 벌어져」
99) Lee, M. and Kawachi, I., 2017, "The Company You Keep: Is Socializing with Higher-status People Bad for Mental Health?," *Sociology of Health & Illness* 39(7): 1206-1226.
100) 마경희 외, 2020, 『청년관점의 '젠더갈등'진단과 포용국가를 위한 정책적 대응 방안 연구』, 경제·인문사회연구회 협동연구총서.
101) 이세란·이기학, 2021, 「직장여성의 성차별 경험과 직무 및 삶의 만족의 구조 관계: '일 자

유의지'와 '괜찮은 일'의 매개효과」, 『한국심리학회: 상담 및 심리치료』 33(1): 539-560.

102) 서울시NPO지원센터, 2020년 11월 24일, 「[이슈클리핑]20대 여성 자살률 급증」

103) https://www.youtube.com/watch?v=qyXWtE7Osrg

104) 여성정책연구원, 『2020년 9월 여성고용동향』

105) 통계청, 『사망원인통계』

106) 『아시아경제』, 2020년 5월 18일, 「'나는 아직도 운 좋게 살아남았다' 여성 혐오 범죄, 끊을 수 없나. [강남역 살인사건 4주기]」

107) 에밀 뒤르켐, 2008[1897], 『자살론』, 황보종우 옮김, 청아출판사, 510쪽.

108) 『한겨레』, 2020년 12월 2일, 「여기에 내 자리는 없지 않을까… '그 생각'이 너무 가깝다」

4부

1) 『헬스경향』, 2020년 7월 2일, 「암울한 대한민국, 우울증 치료기피는 '여전'」

2) 『메디컬타임즈』, 2016년 10월 12일, 「내과, 가정의학과 등 "SSRI 항우울제 처방제한 폐지하자"」

3) Rihmer, Z. and Akiskal, H., 2006, "Do Antidepressants T(h)reat(en) Depressives? Toward a Clinically Judicious Formulation of the Antidepressant-suicidality FDA Advisory in Light of Declining National Suicide Statistics from Many Countries," *Journal of Affective Disorders* 94: 3-13.

4) Alameda-Palacios J. et al., 2014, "Suicide, Antidepressant Prescription and Unemployment in Andalusia(Spain)," *Gaceta Sanitaria* 28(4); 309-312.

5) Viola, R. et al., 2008, "National Trend of Antidepressant Consumption and its Impact on Suicide Rate in Hungary," *Pharmacoepidemiology and Drug Safety* 17: 401-405.

6) Barbui, C. et al., 1999, "Antidepresssant Drug Use in Italy since the Introduction of SSRIs: National trends, Regional Differences and Impact on Suicide Rates," *Soc Pyshiatry Psychiatr Epidemiol* 34: 152-156.

7) Viola, R. et al., 2008, "National Trend of Antidepressant Consumption and its Impact on Suicide Rate in Hungary," *Pharmacoepidemiology and Drug Safety* 17: 401-405.

8) Reseland, S. et al., 2006, "Relationship between Antidepressant Sales and Secular Trends in Suicide Rates in the Nordic Countries," *British Journal of Psychiatry* 188: 354-358.

9) Rosaria, M. et al., 2014, "Consumption of Antidepressants in Italy: Recent Trends and Their Significance for Public Health," *Psychiatric Services* 65(10): 1226-1231.

10) Moynihan, R. et al., 2012, "Preventing Overdiagnosis: How to Stop Harming the Healthy," *BMJ* 344. DOI:10.1136/bmj.e3502

11) 이상혁 외, 2008, 「현대 정신의학은 어떻게 우울증을 이해하고 있나?」, 『한국신경학회지』 47(1): 3-10.

12) 『데일리메디』, 2003년 8월 26일, 「영, 일반의사들 항우울제 과다처방 경향」

13) Sundbom, L. T. et al., 2017, "Are Men Under-treated and Women Over-treated with Antidepressants? Findings from a Cross-sectional Survey in Sweden," *BJPsychi Bulletin* 41: 145-159.

14) 『메디컬타임즈』, 2020년 8월 12일, 「국민 8명 중 1명 마약류 항불안제 처방… 디아제팜 최다」

15) Cotto, J. H. et al., "Gender Effects on Drug Use, Abuse, and Dependence: A Special Analysis of Results from the National Survey on Drug Use and Health," *Gender Medicine* 7(5): 402-413.

16) 권정혜·이재우, 2001, 「우울증의 인지행동치료」, 『인지행동치료』 1(1): 1-22.

17) 김지인·권호인, 2019, 「우울증 근거기반치료에 대한 고찰」, 11: 388-399.

18) 대한민국 정책브리핑, 2019년 1월 22일, 「어느 날 불쑥 찾아오는 마음의 감기, '우울증'」

19) 이희경·이동귀, 2007, 「긍정심리학적 인간이해와 변화」, 『인간연구』 13: 16-43.

20) 고용선·현미열, 2015, 「긍정심리 프로그램이 주요우울장애 환자의 우울, 자존감 및 희망에 미치는 영향」, 『정신간호학회지』 24(4): 246-256.

21) 공은미·채경선, 2020, 「긍정심리학을 기반한 행복집단 프로그램 개발 및 효과검증-지역아동센터 아동을 중심으로-」, 『한국웰니스학회지』 15(4): 753-764.

22) 박하영, 2020, 「수용전념치료(ACT) 프로그램 개발에 관한 연구동향: 국내 학술지를 중심으로」, 『상담교육연구』 3(2): 15-27.

23) 최연희·변상해, 2017, 「만성 우울증에 대한 마음챙김 기반 인지치료(MBCT)의 치료기제와 임상적 적용 효과」, 『한국산학기술학회지』 18(7): 237-248.

24) 유성경 외, 2020, 「반추 및 반성과 우울 및 심리적 안녕감과의 관계에서 마음챙김의 매개 및 조절효과」, 『아시아교육연구』 21(2): 517-545.

25) Vad de Velde, S. et al., 2010, "Gender Differences in Depression in 23 European Countries. Cross-national Variation in the Gender Gap in Depression," *Social Science & Medicine* 71: 305-313.

26) Bromet, E. et al., 2011, "Cross-national epidemiology of DSM-IV major depressive episode," *BMC Medicine* 9: 90.

27) Chen, Y. et al., 2005, "Women's Status and Depressive symptoms: A Multilevel Analysis," *Social Science & Medicine* 60(1): 49-60.

28) 국민건강보험, 2018년 9월 10일, 「마음의 병 「우울증」 여성이 45만 명으로 남성보다 2배 이상 많아」

29) 국민건강보험, 2019년 12월 24일, 「공황장애 질환 40대가 가장 많이 진료받아: 30-40대 중장년층이 2/3차지.」

30) e-나라지표, 「성별 우울감 경험률」

31) Kim, J. and Luke, N. 2020, "Men's Economic Dependency, Gender Ideology, and Stress at Midlife," *Journal of Marriage and Family* 82: 1026-1040.

32) 송리라 · 이민아, 2012, 「성역할 태도와 우울: 성별 · 연령집단별 비교분석」, 『한국인구학』 35(3): 87-116.

33) 배은정 외, 2018, 「아버지의 육아휴직과 가족건강에 관한 통합적 문헌고찰」, 『부모자녀건강학회지』 21(1): 20-27.

34) 김영미 · 류연규, 2013, 「젠더레짐에 따른 성역할태도 결정요인 차이에 관한 연구-스웨덴, 독일, 한국비교-」, 『가족과문화』 25(2): 90-128.

35) 앨런 프랜시스, 2014[2013], 『정신병을 만드는 사람들: 한 정신의학자의 정신병 산업에 대한 경고』, 김명남 역, 사이언스북스.

36) 박승진 외, 2010, 「한글판 우울증 선별도구(Patient Health Questionnaire-9, PHQ-9)의 신뢰도와 타당도」, *Anxiety and Mood* 6(2): 119-124.

37) Pearlin, L. I., 1989, "The Sociological Study of Stress," *Journal of Health and Social Behavior* 30(3): 241-256.

찾아보기